ジェンダー型企業社会の終焉

―― 組織論的考察 ――

中野裕治著

文眞堂

序

　日本列島が揺れている。とりわけ2005年は，これまでの日本とこれからを分かつやも知れぬと思われる幾つかの出来事が見られた。

　その1．郵政民営化。1979年OECD調査団による「規制緩和」の勧告以来，四半世紀にわたる構造改革の試みがひとつの節目を迎えたと言えよう。政治改革と行政改革を旗印に登場した小泉内閣は，「郵政民営化」国会と称し，一度は参議院本会議で否決された民営化法案を解散総選挙後両院にて可決成立せしめた。だが1昨年，日本道路公団の民営化へ向けた解体・再編が中途半端に終わったのと同様，郵政においても，既存の金融・保険，宅配業者との競合問題，身分保障問題，あるいは「ユニバーサル・サービス」の維持の問題等解決しなければならない課題が山積みしており，総じて「克服しなければならない諸問題が多過ぎる。そもそも何故民営化すべきか」といった基本的なところでの疑念を払拭できない儘の見切り発車との見方もある。小泉首相の言う「改革なくして成長なし」のスローガンが単なるムードづくりに終わることなく，それなりの実をあげるには，将に百年の計に基づいた「この国のカタチ」を明示する必要があろう。いずれにしろ，2007年10月には持ち株会社の下に4事業会社（窓口ネットワーク会社，郵便事業会社，郵便貯金会社，郵便保険会社）を置き，2017年9月末までに「完全民営化」が実施される見込みである。問題含みとはいえ，郵政民営化の実現は構造改革の柱である「小さな政府」路線の成否を占う重要な指標であることは間違いない。

　その2．ニッポン放送株の取得をめぐるライブドアとフジテレビの闘い。この問題は当時ライブドアを率いた堀江貴文氏の証券取引法違反による逮捕劇で終結したかに見えるが，組織論的には「市場と組織の境界」をめぐる問

題という側面を持つ。時間外取引を中心にニッポン放送株の45％強を取得したとされるライブドアに対し，フジテレビ側は3月7日の公開買い付け（TOB）締切り時点で36.47％にあたる約1196万株を確保したと発表した。（朝日新聞2005．3．9）

　ニッポン放送はフジ株を22.5％所有する筆頭株主だが，商法の規定で同放送の定款変更や合併など株主総会の特別決議が必要な経営の重要事項をフジは単独で否決できることとなった。これに対しニッポン放送のフジに対する大量の新株予約権発行をめぐり，ライブドアは発行差し止めの仮処分申請を提出し，司法がどのような判断を下すか，が問題となった。発行が認められた場合は，フジは議決権の70％前後を握ることが可能となり，ライブドアの影響力のかなりの部分を排除できることとなる。またライブドア側の主張が認められ，新株予約権の発行が差し止められたとしても，互いに3分の1を超える議決権を保有する形となり，経営の重要事項を持ち出しても，相手側に拒否されるという，いわゆるすくみあい（stalemate）の状態が続く事になろう。司法判断の争点は，新株発行の目的が「支配権の保持または経営陣の保身か否か」であるが，これに対してフジ側は，「企業価値の維持」を主張しており，放送業という公共性の高い分野での争いだけに，問題をヨリ複雑にした。

　また，企業の株式持ち合いが解消されつつある中での敵対的買収の成否をめぐる問題であり，企業が防衛策をとる際の合法的な運営範囲の検討（経済産業省「企業価値研究会」座長・神田秀樹東大教授，2004年9月設置）や時間外取引や株価の乱高下を招きかねない株式の大幅分割の厳格化（東京証券取引所・指針）等試みられてはいるが，かかる法制の運用上の問題を超えて，企業統治（コーポレート・ガバナンス）のあり方の問題でもある。すなわち「会社は誰のものか」を問う際，法理論上は「資本の結合体」（会社は株主のもの）としての企業が，少なくともこれまでは「働く人々の結合体」（従業員の総意が無視できない）でもあったということ，そのことがニッポン放送の社長をして「私たちはフジサンケイグループに残ることに決めました」（株主の総意を待たずして）と言わしめるという，いわば日本の企業社

会独自の慣行が，司法判断でどう評価されるかが問われた。司法上の判断はライブドアに有利な内容で決着したが，総じて企業行動の準則として「組織の論理」を優先させるか，それとも「市場の論理」を軸に経済ゲームのルールづくりを目指すのかが問われた問題であった。

　その３．皇位継承問題。一昨年５月10日の皇太子殿下の「(雅子妃の)キャリアや人格を否定するような動きがあった」という発言は，大きな波紋を呼んだ。現行法では「男系の男子」にのみ皇位継承権が認められており，雅子妃殿下には愛子内親王が誕生したにもかかわらず，残念ながら内親王には皇位継承権はない。今上天皇の皇位継承者としては，美智子皇后との間に皇太子と秋篠宮が存在するが，孫の代には内親王ばかりで皇位継承資格者を欠いており，皇室典範を墨守する限り，将来皇統が断絶する可能性が出てきた。そこで政府は，「皇室典範に関する有識者会議」を設置し，約一年間の検討にはいった。会議のメンバーは，吉川弘之元東京大学総長座長をはじめ10名からなり，月一回のペースで首相官邸にて会合，昨年11月22日に「報告書」を出した。皇位継承は「女性天皇および女系天皇を認め，第一子優先」という内容であった。それを受けて政府は開催中の国会にて皇室典範改正案を提出する構えであったが，その矢先，２月７日に秋篠宮紀子さま「ご懐妊」の発表があり，改正案の提出は当分見送られる事態となった。これで「女帝」の是非をめぐる国民の議論は冷静さを取り戻しつつも「この国のカタチ」の在り様への関心は一層深まるものと考えられる。

　笠原英彦氏によれば「そもそも現行法の規定する皇位継承の原則は側室制度や庶子に皇位継承権を認めていた戦前の旧皇室典範を踏襲したものであり，現在の『男系の男子』という原則はもはやその存在条件を欠いているのである・・略・・皇室典範のできた時代は長い皇室の歴史のほんの一部にすぎない。いまこそ英知を結集して女子にも皇位継承権を認め（しかも男子優先型の皇位継承は守りつつ），一部の女性皇族を悪しきプレッシャーから解放すべきときがきたように思われる。」（文芸春秋七月号，H. 16. 7. 1, 127頁）また「有識者会議」では『皇室法概論』の著書があり，皇室会議のメン

バーでもあった元最高裁判事の園部逸夫座長代理や橋本内閣時代に首相の指示で非公式に女性天皇について検討したとされる前内閣官房副長官の古川貞二朗氏が，いずれも女性天皇容認論で知られており，各種世論調査で国民の約8割が女性天皇を容認していることもあり，会議は女性天皇を認める方向で進んだものと思われる。

　他方，天皇制の場当り的延命の方策では，原理的問題の解決にはならないとの指摘もある。すなわち安丸良夫一橋大学名誉教授によれば，「女性天皇を容認すれば，皇位継承についての当面の困難は回避できる。しかし現行の皇室典範は旧典範の手直し程度の修正でつくられたもので，憲法に定められたさまざまの権利や自由の規定とのあいだに大きな齟齬がある。こうした観点から皇室典範の抜本的な改訂に取り組めば，今後はいったい天皇制とは何であり，どんな原理で存在するものかなどと問われることになるはずであり，さらにまた天皇家にかかわる人たちの権利や自由や人格形成などの問題があらためて問いなおさざるをえないことになるだろう。」(朝日新聞 H. 17. 2. 16)

　いずれにしろ天皇制という制度よりも，むしろ「個人」を尊重しようとする皇太子の肉声，すなわち「人格否定発言」は，ご本人の意図はともかく，「万世一系」という普遍的伝統ないし理念によって支えられてきたと思われる天皇制と庶民同様単独家族化し，模範的な家族を演ずることで国民統合の象徴としての役割を果たさんと努めてきた天皇家の矛盾を期せずして露呈することとなった。おそらくこれからも天皇の直系を尊ぶ民衆の心を満たしつつ，例外的に女性天皇を是とする方向で議論は推移するものと推測されるが，それにしても女人禁制の大相撲（国技）や世襲制を敷く伝統芸能が尊重される中にあって「国民統合の象徴」が女性たりうるとすれば，そのことの意義は，この国の形づくりという観点からも決して小さくはない。天皇制下の「男女共同参画社会」か，それとも男女共同参画社会における「天皇制」のあり方が問われることとなる。

以上，現下この国を揺るがしつつあると思われる三つの出来事を見てきた。いずれも，目下進行中の話であり，結末については予断を許さぬ事柄ではあるが，著者にとってはいかなる意味で国民的課題であるかについて述べたい。すなわち郵政民営化は，国家レベルでの市場原理の導入の程度と覚悟が問われている問題であり，ニッポン放送株をめぐっては，企業レベルにおける行動準則の基軸を「組織」に置くべきか，それとも「市場」原理に委ねる経済ゲームのルールづくりに求めるべきかが問われた問題である。そして最後に，皇室典範をめぐっては，意識調査で女帝を是とする国民的意識が，名実共に，すなわち「この国のカタチ」として実現するか否かが問われている問題でもある。「存在が意識を規定する」と言われているが，この国では「カタチが意識を規定する」ところが少なからずある。女帝の実現ないしその制度的保障の実現は，政治・経済・社会生活全般における国民意識に様ざまな形で影響することとなろう。

　ところで本書は『ジェンダー型企業社会の終焉』と題している。無論日本の企業社会ないしは，企業中心社会を指しているのであるが，日本型システムあるいは日本型経営と題することはあっても「ジェンダー型企業社会」と言い切るものは今のところ見当たらない。いかなる意味でそう断言できるかについては，本文に委ねるとして，その「終焉」とは何か。客観的事実認識（Sein）のうえで使用するのか，それとも当為（Sollen）か，との疑問がもたれよう。確かにM.ウェーバーが社会科学的認識の「客観性」を説いて以来，「記述科学」（H. A. サイモン）あるいは「論理実証主義」（K. ポランニー）の名の下に，仮説検証型の分析手法が，社会科学の分野においてもほぼ定着したかに見える。他方，自然科学と社会科学の違いが厳然として存在するのも事実である。
　この違いは対象領域の違い（自然現象かそれとも社会現象か）に由来するのであるが，著者はその「説得性」を立証可能性（verification）の確率に求める限り，社会科学は自然科学に及ぶべくもないと考える。むしろ社会科学が威力を発揮するのは，過去および現在の分析（認識）に基づく将来の予

測可能性（predictability）のうちにあると考える。説得性の力点を立証性よりも予測性に置くとき，絶えず変動する内容豊かな社会現象の類型化が求められる。その意味では，著者はむしろ「客観的事実認識」から開放されることを望みつつ，敢えて「主観的事実認識」に挑戦したいと考えている。

「終焉」と言えば，さし当り「自由放任の終焉」（J. M. ケインズ）あるいは『財産の終焉』（三戸 公），最近では『市場主義の終焉』（佐和隆光）や『企業福祉の終焉』（橘木俊詔）あるいは『市場原理主義の終焉』（榊原英資）等が想起されよう。著名な先人達の向こうを張るつもりはないが，彼らの用語使用法もその様なものだと受け止めている。つまり「終焉」とは，さし当り「パラダイム（paradigm）変換の必要」を指すものと解されたい。

本書の構成について簡単に述べたい。

第1章　「人間の本性と経済体制」は，人間の本性二元論の立場から利己心と協働心を軸に4つの経済体制を導き出し類型化した。そして日本は「組織主義的資本主義」に類しており，「改革」の方向も一定の枠内にとどめるべきことを示唆した。市場の発見，組織の発見および「分業による協業の発達と管理の必要性」は経営学そのものであるが，全体としてはマクロかつ組織と市場に関する経済学的考察である。

第2章　「経営スタイルの東西比較」は，主としてアメリカを意識しつつ欧米型経営スタイルと日本型経営スタイルを様ざまな視点から比較・検討したうえで，ハンター・ファーマー・モデルを呈示したもの。従来型のわが国の企業経営がいかにジェンダー志向の強いものであったかを強調するためのいわば布石であり，今日展開されている「構造改革」の方向およびその限界を考察するための原型ともなろう。

第3章　「日本型経営の批判と擁護」は，わが国における「国際化」なる用語が，二義的（他動詞と自動詞）に用いられることを指摘したうえ

で，いわゆる日本型経営の批判論と擁護論の論点整理を試みたもの。日本型経営をめぐる議論は，「企業行動」，「経済構造」，そして「文化・価値」レベルと多岐にわたるが，第2章の「ハンター・ファーマー・モデル」と重ね合わすことによって企業社会の構造変化の方向量（ベクトル）およびその限界への示唆としたい。

第4章　「規制緩和と組織の境界」は，いわゆる「規制緩和論争」を手がかりに，「組織と市場」の境界領域にたいして，これまで経済学や経営学はどのような解釈をしてきたのか。また現実問題として，規制緩和が経済構造の変化と経営管理上の変化にたいしていかなるインパクトを与えうるかに関する理論的考察である。

第5章　「ジェンダー型企業社会の終焉」は，本書の標題と同じテーマである。「組織主義的資本主義」（第1章），「ハンター・ファーマー・モデル」（第2章），「批判と擁護」（第3章）および「規制緩和」（第4章）といった，現代日本社会の「構造改革」をめぐる理論的考察の上に立って，「女性労働問題」を考える。産業構造の変化に伴い，どの様な形で女性が企業社会に組み込まれてきたのか，またいかなる意味で「女性労働」が企業社会変様の起爆剤たりうるのかについて解明したい。働く人びとの意識と行動の中から今後の産業社会のあり方を模索するという意味においては，企業社会の社会学的分析ということになろう。

第6章　補論：現代管理論の特質―行動科学的アプローチ再考―
「行動科学」の名称が生まれた事情，その現代管理論への影響を組織論的管理論と行動科学的労務管理論の二つの流れにおいてみる。動機づけ論，リーダーシップ論，組織風土論に登場する人物と学説をわかり易く整理したもの。

以上，本書は「人間本性論」から「働く女性の意識」分析にいたるまで，広範囲にわたる領域を対象としており，組織論を下敷きとしてはいるが，経済学や社会学の分野にも踏み込んだ形になっている。企業経営は常に環境に晒されている。したがって企業経営の今後の行方は，これからの「日本のか

たち」に左右されざるを得ないとの信念で，つい分析射程が広くなりすぎた感を否めない。そのことが，論述の粗さに結果していないことを願うばかりである。大方のご批判を仰ぎたい。

目　　次

序
第1章　人間の本性と経済体制 …………………………………… 1

　1．はじめに ……………………………………………………… 1
　2．市場の発見と組織の発見 …………………………………… 2
　3．人間の本性と経済体制 ……………………………………… 12
　　1）　人間＝「社会的」動物 ………………………………… 12
　　2）　性善説と性悪説 ………………………………………… 14
　　3）　ルソーの本性二元論 …………………………………… 16
　　4）　契約と協働 ……………………………………………… 17
　4．4つの経済体制 ……………………………………………… 20
　　1）　市場主義的資本主義 …………………………………… 20
　　2）　組織主義的資本主義 …………………………………… 21
　　3）　組織主義的社会主義 …………………………………… 21
　　4）　市場主義的社会主義 …………………………………… 22
　5．おわりに ……………………………………………………… 27

第2章　経営スタイルの東西比較 ………………………………… 30

　1．はじめに ……………………………………………………… 30
　2．国際化時代の企業経営 ……………………………………… 31
　3．経営スタイルの東西比較 …………………………………… 36
　　1）　対自然 …………………………………………………… 37
　　2）　行動様式 ………………………………………………… 39

3）協働スタイル …………………………………………… 40
　　　4）技能 ……………………………………………………… 44
　　　5）組織と個人 ……………………………………………… 45
　4．産業構造の変化と日本の針路 ………………………………… 48
　　　1）体制内社会構成の諸類型 ……………………………… 48
　　　2）構造変化と技術・組織・ヒト ………………………… 50
　5．おわりに ………………………………………………………… 56

第3章　日本型経営の批判と擁護 ………………………………… 60

　1．はじめに ………………………………………………………… 60
　2．3つの分析レベル ……………………………………………… 61
　　　1）企業行動 ………………………………………………… 61
　　　2）経済構造 ………………………………………………… 61
　　　3）文化・価値 ……………………………………………… 62
　3．日本型経営への批判──ウェスタナイゼーション── ……… 63
　　　1）「盛田論文」の提起した問題 ………………………… 63
　　　2）現在の参加者と将来の参加者 ………………………… 65
　4．日本型経営の擁護──ジャパナイゼーション── …………… 67
　　　1）「日本型」資本主義論 ………………………………… 67
　　　2）「方法論的間人主義」モデル ………………………… 69
　5．日本型参加の可能性 …………………………………………… 72
　　　1）組織効率と「信頼取引」 ……………………………… 72
　　　2）旧西ドイツ型参加と日本型参加 ……………………… 75
　6．おわりに ………………………………………………………… 77

第4章　規制緩和と組織の境界 …………………………………… 80

　1．はじめに──規制緩和論争── ……………………………… 80
　2．組織と市場：境界領域 ………………………………………… 83
　3．協働システムと支配システム ………………………………… 86

4．規制緩和の理論的意味：規模・範囲・連結の経済 ………… 89
　　5．規制緩和の管理上の意味：集権・分権・ネットワーク ……… 92
　　6．おわりに ……………………………………………………… 95

第5章　ジェンダー型企業社会の終焉 ……………………………… 97

　　1．はじめに ……………………………………………………… 97
　　2．女性労働事情 ………………………………………………… 98
　　　　1）　国内事情 ……………………………………………… 98
　　　　2）　世界の潮流 ……………………………………………104
　　　　3）　法的整備 ………………………………………………106
　　3．日本型経営とジェンダー問題 …………………………………110
　　　　1）　寄木細工（「職務」中心型）と一枚岩（「ヒト」中心型）……110
　　　　2）　働く女性の意識と行動 …………………………………113
　　　　3）　「両立」視点からの検討 ………………………………117
　　4．おわりに ………………………………………………………119

第6章　補論：現代管理論の特質 ……………………………………123
　　　　　―行動科学的アプローチ再考―

　　1．行動科学 ………………………………………………………123
　　　　1）　行動科学的アプローチ …………………………………123
　　　　2）　現代管理論 ……………………………………………124
　　2．労務管理への影響 ……………………………………………127
　　　　1）　動機づけ ………………………………………………127
　　　　2）　リーダーシップ …………………………………………129
　　　　3）　組織風土 ………………………………………………130
　　3．行動科学的アプローチの限界 …………………………………133
　　　　1）　企業＝組織観 …………………………………………133
　　　　2）　人間＝労働者観 …………………………………………135

APPENDIX	I	Merits and Demerits of the Japanese Management System. ·················138
APPENDIX	II	The Internationalization of Japanese Management. ·················159
APPENDIX	III	Japanese Style of Management: Thereafter. ·················174
APPENDIX	IV	Merits and Demerits of the Gendered Business Society ·················188

あとがき ·················201

索引

第1章
人間の本性と経済体制

1. はじめに

　C. I. バーナードによれば，人間は，「自発的意思決定者」であると同時に，その「選択力には限界」（制限合理性）がある存在である。人間が果たして（常に）自由で自発的な意思決定者であり得るのかについては疑問が残る。しかし，常に自立性を有し，人格的に統合された状態（totality）を願う存在であることは否定できない。全体性を喪失した人間は，自律した個人としての存在そのものを喪失するであろうからである。他方，「選択能力の限界」は，人間としての能力の限界に由来するものであり，事実として否定し得べくもない。バーナードによれば，人間は「物的，生物的，社会的諸力の合成物」[1]として，これらの諸力に規定され，制約された存在である。確かにエレベーター内の人物は，技術者にとっては一定の重量をもつ物理的存在であろうし，生物学的条件を満たさなければ立ってすらおれないであろうし，また家族や職場の人間関係に悩まされる社会的存在でもある。これらのうち身体にか〉わる物理的制約を広義の生物学的制約に含めれば，人間は生物学的制約と同時に社会的制約のもとに存在する有機体ということになる。

　バーナードの炯眼は，人間存在を自発的側面と制約的側面の二重性において把握した点にある。物的・生物的・社会的制約の克服のプロセスこそが人類の歴史であり，その動因は人間の自発性・自律性（全体性）獲得への飽くなき追求であったろうからである。

　本章では，① 人類がいかなる事情で「市場」を発見し，「組織」を形成するに到ったか，そしてその結果，いかなる課題が残ったかについて歴史論理

的に概観する。つぎに，② 人間の本性（論）に照らして2つの経済行動準則（契約と協働）を比較・検討したうえで，③ 4つの経済体制を類型化する。類型化の基軸は，利己心と協働心，および国家（市場）と企業（組織）である。

2. 市場の発見と組織の発見

　人間の歴史が人間の生物的制約並びに社会的制約の克服のプロセスだとするならば，未開社会から今日の地球規模での壮大な経済的営みに到る長い道程を方向づけたものは一体何であったろうか。

　経済活動が商品の市場取引によって成立していることを思えば，歴史上の第一の貢献者は，「市場の発見者」であったろう。A. スミスは『国富論』第1編，第2章において，市場取引が成立する事情を「自愛心」（self-love）に求めている。

　「ほかのたいていの動物はどれも，ひとたび成熟すると，完全に独立してしまい，他の生き物の助けを必要としなくなる。だが，その助けを仲間の博愛心にのみ期待しても無駄である。むしろそれよりも，もしかれが，自分に有利となるように仲間の自愛心を刺激することができ，そしてかれが仲間に求めていることを仲間がかれのためにすることが，仲間自身の利益にもなるのだということを，仲間に示すことができるなら，そのほうがずっと目的を達成しやすい。他人にある種の取引を申し出るものはだれでも，右のように提案するのである。私の欲しいものを下さい。そうすればあなたの望むこれをあげましょう，というのが，すべてこういう申し出の意味なのであり，こういうふうにしてわれわれは，自分たちの必要としている他人の好意の大部分をたがいに受け取りあうのである。」（力点著者）[2]

　かくて「自愛心」に導かれて交換する市場が成立し，やがて「自分の消費を超える余剰部分を，他人の労働の生産物のうちかれが必要とする部分と交換することができるという確実性によって，特定の職業に専念するように促される。」[3]

すなわち社会的分業の成立である。かくて人びとは公共の利益を促進しようとする動機なくして「見えざる手」に導かれて社会的富が増進されるということになる。

第二の貢献者は「組織の発見者」である。物的，生物的，社会的制約の故に，個人的能力を超えた目的（課題）を達成せんと試みる時に「協働」が発生する。

家族であれ，その他の人々との間であれ，協力することによってなんらかの結果（成果）が得られ，しかも参加者の個人的動機が満たされる時に協働が成立し，持続する。

バーナードによれば，「組織は(1)相互に意思を伝達できる人々がおり，(2)それらの人々は行為を貢献しようとする意欲をもって，(3)共通目的の達成をめざすときに成立する。したがって，組織の要素は，(1)伝達（コミュニケーション），(2)貢献意欲(3)共通目的である。これらの要素は組織成立にあたって必要にして十分な条件であり，かようなすべての組織にみられるものである……組織が存在するためには，有効性または能率のいずれかが必要であり，組織の寿命が長くなればなるほど双方がいっそう必要となる。」[4]

ここに言う「有効性」(effectiveness) とは，組織目的の達成を指し，「能率」(efficiency) とは，各貢献者が得るであろう動機満足を意味する。有効性は組織の技術的目的の達成にかかわり，能率は組織の経済的目的の達成と理解される。

またバーナードは組織（公式組織）を「意識的に調整された人間の活動や諸力の体系」[5]と定義しており，その意味では，上記は「組織という人間の活動体系（システム）が成立し，存続するための条件」を示したものと言える。「活動体系」という高度に抽象化された組織の定義からすれば，バーナードにとっては組織の設計者，推進者，そして活動の担い手としての集団の存在は自明のことであったと推察できる。しかし，実際問題，組織なるものが地上に登場する時点においては，協力者を求めたであろうリーダーの存在は無視し得ない。少なくとも，何がしかの共通の利益のために「一緒にやろうではないか」と仲間に促した最初の人物が不可欠である。動物界では，

例えば群をなして獲物を狙うライオンのごとく,いわば「本能的に」,見事な連携プレーを示すことはあろう。しかし彼等こそ,リーダーの指揮のもと,本能的とはいえ,それぞれの役割・機能が明確に意識されてこそ首尾よく目的が達成されるものと思われる。

動物にしろ人間にしろ,自律した固体としては,全体性を有している(個人人格)。それがひと度組織に入り,一定の役割・機能の担い手(組織人格)となるや,全体性の喪失を余儀無くされ(部分的存在となり)且つ貢献意欲を持ち続けなければ,組織は成立しないし,存続もできない訳であろうから,強力な動機づけとリーダーシップが不可欠である。

市場の発見者および組織の発見者は,いかなる歴史的事情を背景に,今日われわれが眼にする世界規模での経済活動,そしてそれを可能ならしめる大規模組織の形成を可能にしたのであろうか。以下土屋守章の所説(企業論)を参考にしつつ,著者が作成した表1「分業による協業の発達と管理の必要性」を用いて概観したい。[6] これは史実にもとづくというよりは,人類の経済活動と組織活動の発達史を歴史・論理的に考察したものである。

ステップ1. 人間は生きていくためには,衣食住に必要なものを少量ずつ必要としている。それを労働によって獲得する。人類は火を用い,道具を用

表1 分業による協業の発達と管理の必要性

	Step 1	2	3	4	5	6
必要 (契機) Needs	人間は生きるために多種多様なものを少量ずつ必要	持続的労働 (専業の必要)	成果の交換 (贈与は死を意味する)	次善の策としての成果配分	組織化の進展 生産－労働 販売－交換 財務－分配	自律性回復による疎外の克服(労働の人間化)
解決 Then,	労働による獲得 (道具の使用)	時間とエネルギーの節約および工夫の可能性	交換を前提とした労働(社会的分業)の開始	分業にもとづく協業の発達	管理組織の自律化 (計画と執行の分離)	参加の試み (職務拡充・自主管理)
課題 But,	分割不可能な労働対象の存在 (ex. マンモス・万里長城)	多種多様なものを獲得することはできない	交換(命がけの飛躍)の必要性	共通目的達成のための統制および調整の必要	成員の自律性(全体性)の喪失＝疎外	組織成果と動機満足の相剋

いることによってこの課題を克服してきた。共同生活をはじめる前の原始人は，おそらく，一日の間に多種多様なものを少量ずつ獲得するために，一日の労働時間をこま切れに区分して使用したであろう。ところが，木の実や球根を採取して消費していた時代から，魚貝類やけものを狩猟するようになると，新たな事態が生じる。例えば，大きなけものを狩猟するには長時間かかり（持続的労働の必要），しかも獲得した獲物は，その場で消費することはできない。貯蔵可能であれば，無駄ではないが，無駄を承知で持続的労働が強いられる場合もある。飢えに際しての狩猟であるとか，外敵から身を守るための防衛や見張り，あるいは堅固な家屋や橋などの建造がそうである。これらは「分割不可能な」労働対象である。

ステップ2．持続的労働の必要と効果。ひとつのことに専念すれば，いかに大なる成果が得られるかについては，アダム・スミス「ピン製造の事例」がよく知られている。1人であれば1日に20本のピンどころか1本のピンさえも作ることができない職人達が，10人で分業することによって1日に12ポンドのピンを全員で作ることができた。つまり，これらの10人は「一日に4万8000本以上のピンを自分たちで製造できたわけである。」[7] 分業の効果は，1人あたり，1日4800本として約240倍（単独であれば，1人で1日に20本のピンが製造可能と仮定して）ということになる。A. スミスは効果の理由として，時間とエネルギー（移動等）の節約，そして道具の工夫が可能としている。かくて人間は持続的労働の成果が大なることを学んだであろうが，彼等が，やがて弓作りとなり，大工や獣皮のなめし工や仕上げ工になるためには，超えなければならない障壁があった。すなわち，専業（持続的労働への従事）は，「多種多様なものの獲得」を犠牲にするのである。

ステップ3．交換を前提とした労働＝社会的分業の成立。労働の対象が分割不可能で，その成果がひとりの1日の消費量よりも大きく，しかも成果の貯蔵が不可能な場合，彼ないし彼女はどうしたか。労働の成果を贈与するか，あるいは他の人々の取るに任せるしかない。贈与し続けることは死を意味する。そこで登場したのが「第1の貢献者」すなわち「市場＝交換の発見者」である。自分の労働の成果を他の人々に贈与する代わりに，他の人々の

成果を受け取る。その際，既述のごとく市場が成立するための第1の条件は「相手の所有物に対する自らの欲求を意思表示すること」つまり，最初に「利己心ありき」である。交換を前提とした労働の始まりは，物々交換からやがて流通手段としての貨幣の発達を促し，その貨幣が蓄蔵され，元手（貨幣資本）として用いられることになるや，経済活動の様相は一変したであろう。だがこの間の「交換（市場）の発見者」は，今日に到る課題も同時に残すことになる。交換が，互いに制御不能な相手の利己心に依存する以上，市場に赴けば必ず成立するとは限らないからである。生産物が首尾よく売れるためには，価値実現，すなわち「生命がけの飛躍」が必要となる。交換可能なものの発見は，市場経済における永遠の課題（戦略的）である。交換の必要という制約のもと，この段階においても家族・親戚がいわば類的存在として，自然発生的に協働することはあったであろう。だがスミスが描いたピン製造に見られるごとき本格的な協働が展開するためには，意識的・社会的行為者としての組織の設計者を必要とする。

　ステップ4． 分業による協業の発達。前段の交換を前提とした社会的分業の成立は，それまでの孤立した労働に社会的意味を付与した画期的出来事であった。しかし，交換の必要性は生産活動の発達にとって大きな制約でもあった。ここで「第二の貢献者」すなわち，「組織の発見（設計）者」が登場する。常時，交換が実現されずとも，協働により，大なる成果（生産性）が保障されてさえおれば，単位当りの生産コストを下げることにより，かなりの確率で「成果の分配」を保証できる。つまり，共同体としてではなく，成果の分配を前提とする経済活動として最初に組織を企画した人物の登場である。地縁・血縁を結合の根拠とする共同体は，凝集力は強いが活動範囲（規模）は制約される。それに対して，利己心をベースとする経済取引にもとづく人と人との結合は，無限の拡大可能性をもつ。制約は，組織参加者達の動機満足および組織目的達成へ向けた個々の活動の調整および統制の必要である。

　ステップ5． 管理組織の自律化（計画と執行の分離）。経営学が登場する19C末から20C初頭の工場は軍隊式のライン組織が一般的で，職長ごとの

グループが作られていた。そのため仕事の段取り，製品の検査基準なども職長の個人的な経験や勘に頼っていた。当時「仕事のスピードは雇主にとっても工具にとっても大切な要素である。この要素が徹頭徹尾動揺するようにできていて，合理的に統制されていない。これが旧来の管理法の大欠陥である」[8]と嘆いたF. W. テイラーは，職長の機能を大きく計画機能と執行機能に分け，それぞれ4つ，合計8つの職能に分類した。「科学的管理」の登場である。(計画機能は，① 手順係，② 指図係，③ 時間原価係，④ 工場規律係，執行機能としては，⑤ 準備係，⑥ 速度係，⑦ 検査係，⑧ 修理係である。）時間研究，動作研究を徹底することによって得られた「一日の公正な仕事量」すなわち「課業」設定を中心とする工場管理方式が，その後の生産性の向上，そのために必要な合理的組織の編成と管理のあり方を方向づけることになる。組織体を有機体に例えれば，「管理組織の自律化」は，いわば「頭脳」と「手足」の分離を意味する。生活の糧のために，日々近代的工場に赴く労働者達は，かつてロビンソン・クルーソーが持っていたであろう計画と執行という統一された機能の一部を喪失する。かくて科学的管理法はフォードシステムとして結実することになるが，労働組合や社会主義勢力からは，「科学という名の労働強化」として批判されることになる。

　ステップ6．参加の試み。テイラー自身は「組織的怠業」を克服すべく課業管理をとおして(1)労働者の個別的判断に代えた科学の使用，(2)労働者の訓練と科学的選抜，そして(3)科学的法則に基づく経営者と労働者の協力の必要，を説いている[9]が，結果として労働者の「熟練の破壊」および労働者と経営者（ないし管理者）の立場の違いを一層明確にしたと言えよう。だが労働者は頭脳と手足のみならず，ハート（心情）も持っている。ホーソーン実験に始まる人間関係論や行動科学者達の登場は，働く人々の動機満足が尠からず組織成果に結びつくことを気付かせ，実践的にも職務拡大（job enlargement）＝職務の水平拡大，職務充実（job enrichment）＝職務の垂直拡大…意思決定への参加，あるいはジョブ・ローテーション（job rotation）＝職務間移動が試みられた。しかしこれらの「労働の人間化」＝単純労働克服の試みは，非人間的で合理的に編成された近代的工場やオフィス内

での試みに過ぎず，組織成果と動機満足の相剋あるいは「組織と個人」のあり方の問題は，依然われわれに課せられた組織の基本問題として残っている。

　以上，市場の発見者と組織の発見者を軸に地球上に人類が現れてから今日に到るまでを足早に概観してきたが，これらのステップが示唆するものは何か。

　まず，ステップ1～3までとステップ4～6までの論理次元の違い，が指摘される。交換を前提とした労働，すなわち社会的分業が始まるステップ3までは，道具を用い，大きな獲物を追うなど若干の協働作業はあったであろうが，基本的には自然史的過程であった。ここに言う「自然史的」の意味は，ひとつには，協働の単位が「家族」を中心とするものであったということ。その最高の形態である家内制手工業時代に到っても，協働の範囲は，地縁，血縁の域を出なかったということである。家族労働をベースとする協働体系は，生活に直接結びついているという意味で実質的，全体的且つ自然的である。他のひとつは，生産過程においても販売＝価値実現過程においても，極めて不確実性が高かったという意味においてインビジブル（invisible）な世界であったということである。孤立した労働の世界では，自ら消費する量を超える生産ないし収穫については，贈与することもあったであろう。そんな中，成果の交換に成功した人物が期せずして出現したのである。

　それに対してステップ4以降は次元を異にする。基本的にビジブル（visible）な世界であり，人知が及ぶという意味で「合目的的社会過程」である。人間の物的・生物的・社会的制約を協働によって克服せんと試みてきたという意味で，人為的・社会的（ないし歴史的）過程とも言えよう。人為的なるが故に，協働のスタイルは，国によって，時代によって様ざまであり得る。また同時代，同一地域においても，目的・規模・技術・構造あるいは構成員において様ざまであり得る。要するに良きにつけ悪しきにつけ，人間の工夫次第によってどの様な形態も取り得る世界である。

　つぎに示唆する点は，各ステップが「契機」（必要 Needs）とその「解決」（そこで Then），そして新たな「課題」（…しかし But,）の発生という

様に，全過程が問題の発生と解決といういわば「輝かしい人類の発展史」であると同時に，自然状態（自然人）から遠のくプロセスでもあり，とりわけ，4以降は「疎外」の歴史でもあったという点である。人間は個人的能力の限界を克服すべく協働することを知り，その結果驚くほどの成果が期待されることも知った。だが，大きな石を動かす，外敵から身を守る，大きな獲物を仕留めるといった素朴な協働作業においても，「指揮者」が必要である。共通目的を明示し，作業開始の合図をし，掛け声をかける人物がいなければ協働努力を結集できない。仮りに協働行為そのものが自然発生的であったとしても，目的達成の過程において，全体状況を把握し，個々人の努力を共通目的達成へ向けて調整する管理者とその指揮のもと一定の役割・機能の担い手（従属者）の分離は不可避である。両者の役割の違いは成果配分に際して歴然とする。類似の協働行為が企画され，成功体験が繰り返され，やがて日常化することによって支配者の地位が確立する。恒常的支配者の地位の確立は，理の必然として被支配的地位に甘んじる人々の日常化を意味する。一部の自律的人間と，多くの非自律的（＝全体性の喪失を余儀無くされているという意味で疎外された）人間が構造的に現れる。かくて輝かしい人類の発展史は，反面自然史的過程からの疎外の歴史とみなすこともできよう。

　最後は，これまで組織は「どの様にして人々をつなぎ止め，統合してきたのか」についての示唆についてである。今日われわれは新たなステップ（ステップ7）へ向かおうとしている。自然史的過程から遠く，複雑で大規模な経済社会の只中にあって，果して自律性を回復することができるかという課題解決への示唆が含まれると思われる。自然史的過程において最初に登場したと思われる協働体系（システム），すなわち家族共同体においては，メンバーをつなぎ止め，統合するための特別な手段を必要としない。生活＝協働体系の維持・存続自体が目的であり，それは個人的目的と直接結びついているからである。ただし，協働体系の範囲は血縁関係により限定的である。したがって前述の本来の意味での「組織の発見者」は，血縁を越えたところで発生した筈であり，それ故に彼（ないし彼女）の最大の課題は構成員（メンバー）をいかに惹き付け，統合するかということになる。「市場の発見者」

が,「交換可能なものの発見」という戦略的課題を残したように,「組織の発見者」も,又,人々を組織目的達成へ向けて「いかに動機づけるか」という管理問題を背負うことになる。

　ここで再び土屋守章の「管理的制約の克服─「ヒト」について」[10]の所説を参考にしつつ,「動機づけ」の史的展開を要約したい。表1に添う形で,著者なりにステップ7までを先取りして略述すれば,「組織への個人の統合手段」は「武力・私有財産・動機づけ（論）・参加」の歴史を辿り,これからは「創造」の時代（ステップ7）へと向かうであろう。

　古代奴隷制が武力にもとづく協業であった様に,分業による協業を維持するに必要な権力は,もっとも原始的には暴力ないし武力によって支えられていた。だが暴力による支配は,老齢化に伴い衰退せざるを得ないし,支配権の世代間の引継ぎも困難である。支配の継承,それを可能にしたのは貨幣経済の発達であり,「資本主義の興隆とは,ある意味では貨幣の保有者の権力獲得の過程であり,それは結局,私有財産権を法律によって制度的に確立していく過程」[11]でもあった。その過程は産業革命と市民革命という2つの革命を契機に,近代市民社会を成立せしめた過程でもあった。

　だが私有財産にもとづく権力には限界がある。他に生活の糧を得る機会がまったくない場合はともかく,他の機会があれば,その権力に従う必要はない筈であり,私有財産権にもとづく経済活動の興隆は,将にそういう機会が社会一般に拡大したことを意味するからである。支配の継承と安定を保証するものとして登場した私有財産権による支配形態の普及は皮肉にも組織帰属の代替性を高めたのである。

　私有財産権にもとづく権力がその有効性を減退させるにつれて,組織は人びとをつなぎ止めるために種々の「動機づけ」（motivation）管理を始める。すなわち,働く人びとの心理に働きかけて「自発的服従」を獲得するための諸施策の試みである。「刺激資金制度」（F. W. テイラー）,「人間関係論」（E. メイヨー, F. J. レスリスバーガー）,「期待理論」（L. W. ポーター, E. E. ローラーⅢ）等が登場した。これらの諸施策ないし理論の有効性は,組織に帰属する側の欲求内容と水準,言い換えれば,所得水準によって規定

される。したがって,「動機づけ」管理の内容は時代によって,地域によって,又個々の組織によって異なるということになるが,共通しているのはその施策(ないし理論)が「外から(ないし上から)」与えられるものだという点である。動機づけられる側は,自発的ではあるが「服従」を強いられるという意味において,組織成果の達成へ向けた協働努力の質と量は,動機づけ＝誘因の提供(量)の枠内に限定されよう。この限界は,労働力を商品に「擬制」して売り手と買い手の雇用契約を基本とする資本主義的生産関係そのものに由来する限界でもある。その体制の下での人間性の回復＝労働の人間化の試みこそ「参加の試み」である。うち「自主管理」運動は,1970年代以降東欧の一部において見られたものの,ソ連邦の崩壊と共に影を潜めたかに見える。従って今日の大企業を中心とした参加の試みは,「自己実現」あるいは「自己達成」の名の下に試行される「職務拡充の諸施策」において見ることができる。だが,国際競争の激化に伴い,組織参加者の個人的動機満足よりも,むしろ「組織成果」を優先せざるを得ないという厳然とした組織的要求が存在するも事実である。しかも「組織成果」の要求と「動機満足」の対立・相剋は,所得の向上と競争の激化という経営環境の変化に伴い,ますます先鋭化する状況にある。

　要するに労働力商品の売買(雇用契約)によって成り立つ資本主義体制の枠内での動機づけには限界がある。当然のことながら,労働力は人格と結合している。したがって組織は種々の手法を用いて人格(欲求)に働きかける訳であるが,組織は労働力の購入(そしてその生産的消費)は可能ではあっても,全人格の購入・消費は(奴隷制下ではまだしも)望むべくもない。ところで,協働システムのもとで働く人々が,自らの有するエネルギーを全人格的に投入できる状況とはどの様な場面であろうか。組織目的と個人目的が一致した状態,すなわちいずれかが,いずれかにとって「手段」視されざる状態であろう。その原型は「家族共同体」にあり,今日の企業組織においては,何らかの意味で成員にとって「創造性」が発揮できる場面に他ならない。その様な状況を日常的に形成しうるか否かが,今日の企業組織に課せられた組織的課題となろう。

3．人間の本性と経済体制

1）人間＝「社会的」動物

　人類史の全過程は「人間が社会的動物である」(アリストテレスAristotelēs 前384－前322) ことを示している。表1において「交換を前提とした労働＝社会的分業」を最初に方向づけたのは，交換という社会的行為に成功した人物であった。しかもその人物を交換へと向かわしめたのは，他者の必要を満たすための「贈与」ではなく，「自らの欲求充足」すなわち「生物＝動物的必要」であった（ステップ3）。

　また，「分業にもとづく協業＝作業内分業」の成果に気づき，家族共同体を超えて「組織づくり」に着手した人物は，結果として社会的生産能力を飛躍的に増大せしめるのであるが，その個人的動機は，純粋に個人的欲求の増大であったと思われる。経済活動において「社会的動物」としての人間特性はどの様にいかされ，また制約となるのかについて，著者なりの考察を試みたい。

　まず，人間特性としての「動物性」に関して。

　ネガティヴに捉えれば，本能的欲求に導かれて行動する孤立的で自己中心的存在でしかない。だがポジティヴに捉えれば，他の支配を許さぬ自立的で常に全体性（totality）を有する主体的存在であり得る。市場における商品交換の担い手はそのような存在（人物）であろうし，組織参加や退出を決定する際の人物（個人人格）がそうであろう。両側面を同時に捉えれば，人間は「孤立的で自己中心的存在でしかないが，同時に自立的で全体性を有する存在」である，ということになる。そのような自立的存在が経済活動の担い手として，自由に活躍できる場は「市場」においてであろう。何故なら交換の場においては人格的自律性をいささかも損なうことなく，利己心の赴くままに，他者の利己心と「価値交換」できる筈だからである。

　ところが，自律的存在としての「動物的」特性は，組織という社会関係の中においては，全く事情を異にする。そもそも協働行為への参加動機が，個

人能力の限界を克服するための利己心（動物性）にあったとしても，ひとたび組織という社会的構成体に身を投じれば，組織的要請（共通目的の達成へ向けた一連の役割・機能）の担い手として「自律性」の一部を放棄せざるを得ず，その結果「社会的＝組織的」拘束を受容し，敢えて「部分的存在（partiality）」になることを意味するからである。そこでは，組織設計者とて完全に自律的ではなくなる。組織を管理し，統合する（特殊な）役割の担い手と化するからである。

つぎに，人間特性としての「社会性」についてはどうか。ポジティヴに捉えれば，人類は，将に協働という社会的行為をとおして個人的・社会的制約を克服してきたのであり，言語を発し，道具を用いることによって生産力を向上せしめ，経済活動の範囲を地球規模にまで拡大してきた。経済発展の歴史は人類の社会史そのものである。他方，ネガティヴに捉えれば，人間は社会関係の中でしか存在し得ない，依存性の強い生物であり，生まれながらにして社会的役割と機能が運命づけられている非自律的存在である。人間特性としての「社会性」（非自律性）は，組織という協働行為そのものにおいて遺憾無く発揮される。

だが組織的状況において，その成立条件であり，推進力でもある人間の「社会的特性」は，市場（価値交換の場）においては，大きく制約されざるを得ない。労働の成果としての生産物が他の生産物と交換されうるためには，（貨幣という媒体を伴う以前においてすら）人と人との関係がモノとモノとの関係に転化する必要があり，社会的諸関係が捨象されたところで市場が成立し，拡大すると思われるからである。仮に恩・義理・人情を伴う組織的取引＝社会的交換が成立したとしても，その外延的拡大可能性は著しく制約せざるを得ないであろう。

では，結局のところ，人間のもつ相反する2つの特性，すなわち「動物性」と「社会性」の結合表現である「人間は社会的動物である」とは，経済活動において，いかなる意味をもつのか。

「動物性」は人間界においては「利己心」となって現れる。自然界同様，固体としての自律性を維持すべく，闘争や競争場裡において遺憾なく発揮さ

れよう。ただし，自然界においては「利己心」は自然の摂理のもと，「足るを知る」（生体の均衡点）性格をもつが，人間界においては必ずしもそうではない。利己心と協働心（組織体）の結合（組織の自己増殖）こそ，経済活動を地球全域に拡大した最大の原動力であったと思われるからである。

他方，「社会性」は組織的状況における「協働心」となって現れる。無論，市場取引自体は社会的行為に違いないが，ここでは市場なり組織を成立せしめる行為の源泉（本性的特質）を問題にしている。組織における協働心と利己心の結合とはなにか。自律性（ないし全体性）＝利己心の追求と協働心（部分性）の要請とは相容れない。その意味で「組織成果と動機満足の相剋」とは言い換えれば，役割・機能の遂行者としての部分的存在を要求する組織的要請（引力）といかなる時も全体性を維持せんと試みる人間の動物性（斥力）との相剋の問題に他ならない。

市場における経済ゲームのルールづくりが「契約」行為によって達成されるとすれば，組織における部分性の要求は，人為的なるが故に，政治的支配と服従，経済交換，組織規範（＝道徳）の形成と浸透等，時と場所，あるいは組織形態によって様ざまに異なる管理と統制の手法によって達成されよう。

動物性に由来する人間の利己心は全体性の要求と共に限りなく「自由」を求める。社会性とは畢竟，人間が社会的営みをとおして，なんらかの利益（便益）を享受せんと試みる時，必然的に課せられる「拘束」に他ならない。そして，飽くことの無い人間の「自由」への欲求は，あらゆる社会的活動の源泉であり，同時に「拘束」無くしては，何事も達成されないという意味において社会的行為における「自由と拘束」は不可欠の関係にある。かくて「人間は社会的動物である」ということの経済活動における意味は，人間は市場においても，組織においても常に「自由と拘束」のアンビバレント（二律背反）な関係のうちに存在するということになる。

2）性善説と性悪説

人間の本性については，紀元前3世紀末，戦国時代の儒家，孟子（前

372～前289)の性善説が知られている。すなわち,人間の本性は善であり,人はみな聖人たりうる。悪人が出てくるのは,物欲のなせる業(わざ)であり,教養を積み,徳を治めることによって本来克服できるものとする(徳治主義による王道論の展開)。荀子(？～前235頃)は性悪説で知られる。荀子は礼を重んじるが,それは聖人の作為によるものであり,かかる人為の加わらない天与の性は悪とみなしている。また彼は聖人と凡人,あるいは天子と奴隷は共に無限の欲望と同一の欲求をもっており,この観点から「聖凡一如(人間平等)」の考えをうちだし,人間は誰でも努力(人為という)によって聖人たり得ると説く。[12]

ヨーロッパにおいては,近代民主政治の成立期における市民革命(すなわち,清教徒革命1642～49,名誉革命1675～88,アメリカ独立革命1775～83,そしてフランス革命1789)の思想的指導者とされる社会思想家たちの間で,とりわけ「社会契約」をめぐって論じられている。[13]

まず「万人の万人に対する闘争」で知られる『リバイアサン』(1651)の著者,ホッブス(Hobbes, 1588～1679)は,想定される自然状態での人間は名誉心と利己心から互いに生存権をめぐる闘争状態にあり,これを克服すべく理性に目覚めて「契約」(絶対服従契約)を結んで国家(絶対主権)形成に到ったとする。

他方,同じく人間の自然権(自然法上の権利)を認め,社会契約説に立つジョン・ロック(John Locke 1632～1704)によれば,自然法の下で自由・平等な存在としての人間は,生命・自由・財産を守る自然権を有するものであり,この自然権を確実にすべく「契約」(自然権の一部放棄による服従契約)によって国家を形成したと説く(『統治論』1690)。

いずれも国家もしくは政府の必要を自然権の擁護と服従契約に求めているが,人間本性論としては,ホッブスが自己保存欲(利己心)を強調するのに対して,ロックは「牧歌的」で他者からの自然権の侵害に対して「無防備な状態」(田園牧歌的自然状態)を想定している。以上,孟子,荀子,ホッブス,ロックに共通するのは,人間本性を「一元的に」把握せんとした点にある。

3）ルソーの本性二元論

ホッブスとロックはそれぞれピューリタン（清教徒）革命（ホッブス）と名誉革命（ロック）の理論的根拠を与えたとされるが，フランス革命の思想的指導者とされるジャン・ジャック・ルソー（Jean-Lacques Rousseau 1712～78）は人間の本性をどの様に捉えていたのか。結論から言えば，ルソーは人間の本性として「利己心」（自己愛 amour de soi-meme）と「憐憫の情 pitié」の両者を認める，いわば人間本性二元論の立場をとる。

曰く「人間精神の最初のもっとも単純なはたらきについて沈思した結果，私はそこに理性に先立つ二つの原理を認めうると信ずる。そのうちの一つは，われわれをして，その身の安全と自己保存とについて，熱心な関心をもたせるものであり，もう一つは，すべての感性的存在，殊に，われわれの同胞の滅び，または，苦しむのを見ることに本能的な嫌悪を起こさせるものである。」[14]

ルソーは，人間精神の最初のもっとも単純な働きとして，この様に自己保存への関心のほかに憐憫の情を挙げており，それは苦しむ者の位置に自らを置いてみる感情であり，他人が苦しまざらんことを，言い換えれば，他人の幸福ならんことを欲する感情であって，各人の利己心（主我心）の活動を中和し，種全体の相互依存に協力する類的存在としての自然感情であり，自然状態においては，法律，習慣，道徳に代わるはたらきをする。つまり，人間は本来，自己の幸福や利益を追求する存在であると同時に，他人の幸福や利益を欲する社会的感情を備えた存在だということになる。

「市場の発見者」が人間の本性としての「利己心」に訴えかけて成功したとすれば，「組織の発見者」はこの「社会的感情」に働きかけたものと思われる。憐憫の情を即利他心もしくは協働心と読み替えることには無理が無い訳ではないが，すくなくともルソーにとっては，憐憫の情と利己心とは異質のものである。ロックはじめ他の自然法思想家達の説く「社会性 sociabilité」は，飽くまでも自己保存（本能）に依拠している。すなわち，人間は自己保存に強い関心をもつ動物であるが，他人の援助なくして自己を保存す

ることができない。したがって，人間は社会的でなければならない，と説くのであり，飽くまでも自己保存ないし利己心に重きを置くものである。つまり彼らによれば，人間の社会性は自己保存ないし利己心を満足させるための条件でしかなく，社会契約とは全面的にか部分的にか自然権を放棄（＝服従契約）することによって得られる個人的幸福の手段（条件）でしかないということになる。

　一方ルソーは，人間は本来自己の幸福や利益を追求する存在であると同時に他人の幸福や利益を欲する社会的感情を持つ存在と捉えている。ルソーにとって自己愛と社会性向（憐憫の情に由来）は，その意欲の方向を全く異にする本質的・内在的な人間精神の働きである。本性を矛盾対立的二重性において把握するところにルソー人間本性論の特徴がある。

　かくして「人間は社会的動物である」という命題をルソーの人間本性論に照らして捉え直せば，人間は利己心によって支配され，導かれる生物学的存在であると同時に，社会性向，すなわち利己心とはほど遠い（むしろ，対立する）協働心によっても支配され，導かれる「矛盾に満ちた」存在ということになる。[15]

4）契約と協働

　人間の本性は社会的営み，とりわけ経済活動においてどの様に発揮されるか。利己心は市場（取引）を成功せしめ，協働心（ないし憐憫の情に由来する社会的性向）は組織（協働行為）を形成する。つまり，ルソーの本性論に照らせば，組織と市場は全く異なる2つの形成原理（人間本性の対立する2つの側面）によって成り立つのであるが，このことから単一原理，すなわち「利己心」によって社会的性向（協働行為）を説明する理論に替えて二元論に依拠して経済（および組織）現象を分析する余地が生じる。

　日本経済に反映をもたらした「日本的経営は，日本民族の特異性でもなく，封建的でもない。それは人間の本性と組織の本質に適応した，すぐれた合理的な経済組織（システム）なのである」[16]と述べ，日本的経営の経済学的合理性を主張する山田　保は，日本的経営において企業の成果をあげよう

とする精神を「協働の精神」とよび，欧米企業の個人主義的な契約を尊重しようとする精神を「契約の精神」と呼ぶ。「契約の精神」にもとづけば，企業家と労働者とは賃金と労働（力）を交換する。その本質は売買であり，労働（力）という商品の買手である企業家は，できるだけ労働（力）商品を安く買入れようとし，売手である労働者は，できるだけ高く売ろうとする。「見えざる手」の予定調和によって均衡賃金が成立する。かくて生産の場においても絶えざる賃金と労働力の「交換」（＝生産的消費）活動が行われるのであり，人間の利己心にもとづく「交換の経済学」（新古典派経済学）が成立する。

他方，「協働の精神」に依拠する日本における企業と従業員の関係は，形式的には労働（力）の売買と同様な契約が結ばれるが，実質的には，従業員は企業の内的存在となるのであり，以上のごとき契約尊重の精神はみられない。従業員は企業という組織に参加するのであって，労働（力）を企業家に売ったのではないから，その賃金は「企業家より労働の代金として与えられたものではなくて，彼等が協働して獲得した成果からの分配分であると考える。したがって，彼等の賃金は企業の成果の大小に依存する。」[17)]賃金＝成果配分という考えは「交換」＝市場取引という発想から生まれない。そこでは，交換の経済学とは異なる説明原理が必要とされる。

氏によれば「協働して生産することから，組織の経済学ないし生産の経済学が成立し，交換することから，交換の経済学ないし市場の経済学が成立する。企業内部は組織中央による計画経済である。『見えざる手』による予定調和は存在しない。組織の本質は協働であり，この協働をより一層効果ならしめるために分業が発生する。したがって組織の経済学においては協働心が基本となる。そして利己心は従となる。これに対して，交換の経済学においては自由市場の存在が前提となる。そして『見えざる手』による予定調和が存在する。したがって交換経済学においては利己心が基本となる。協働心が従となる。」[18)]この様に「組織の経済学」（生産の経済学・企業レベル）と「交換の経済学」（市場の経済学）と二分した上で，氏は国民経済・世界経済レベルを「広義の」組織の経済学と称し，一般理論としての「組織の経済

学」(広義)の成立可能性を示唆している。氏は広義の「組織の経済学」の理論的成立根拠をバーナードの複合組織論に求めており，生物界においても，経済界においても組織の発生は単位組織からであり，組織が進化し複合化して大きくなるのが宇宙における原理だと言う。その際，組織は複合組織として進化するが，この複合組織には下部組織との結合関係により「堅い結合」の組織と「ゆるい結合」の組織に分けられる。つまり，「国民経済は，下部組織が企業ないし企業結合や企業集団によりなる複合組織であり，その内部には交換関係を含むきわめてゆるい結合の組織である。」[19)]ということになる。

ところで，利己心に依拠して成立する交換の経済学（新古典派経済学）を国民経済という一種の複合組織の内的存在（交換＝市場）として組織の経済学（広義）に包摂せんとする試みは，人間本性論に照らせば，利己心よりも協働心によりウエイトがかけられるとの印象を禁じ得ない。今日においては，確かに「市場組織（markets）」と「内部組織（hierarchies）」（組織の経済学）という表現が好まれるが，客観的には兎も角，経済行為者の意識のうえでは，「組織化されていない領域にこそ市場が存在する」のであり，交換の場における自律性・全体性・動物性（＝利己心）こそ経済行為の原動力であることも否定し難い現実だからである。

また「堅い結合」と「ゆるい結合」なる概念は，われわれが企業集団や「中間取引」現象を分析する際の，有力な視点を提供するものであるが，これ又「市場」と「組織」の概念枠を曖昧にしてしまう危険を禁じ得ない。この問題は組織の境界の問題として，改めて論じるつもりであるが，ここでは，いわゆる「人間は社会的動物である」という命題と人間本性論の分析をとおして，本性としての「社会性」（協働精神）と「動物性」（利己心・自律性・契約精神）が組織や市場の形成にいかに貢献してきたのか，また「いずれに力点」が置かれるべきかを検討してきた。組織と市場をめぐる経済活動と人間本性の関連については，さし当たりルソーにならい，「利己心」と「協働心」の矛盾対立的2つの側面と捉えたい。

4．4つの経済体制

利己心と協働心の両者を本性として認め，且つ前者は市場（交換）において，又後者は組織（協働）において十分に発揮され，展開をみるとすれば，そのいずれに力点を置いた国策（国づくり）が遂行されるかによって4つの経済体制が得られる。（図1）

図1　4つの経済体制

		国家（市場）	
		利己心	協働心
企業（組織）	利己心	市場主義的資本主義	市場主義的社会主義
	協働心	組織主義的資本主義	組織主義的社会主義

1）　市場主義的資本主義

　典型的な資本主義社会であり，マルクスが『資本論』で描いた，あらゆるものが「商品化」される社会である。そこでは，雇用関係は特殊な商品としての労働力の売買関係を意味する。労働力が商品たりうるためには，労働者がその労働力を自由に販売しうること（封建的束縛から解放された自由な労働者），そして労働者が生活のために労働力を売らざるを得ないこと（生産手段の喪失）が条件となる。では労働力の価値は何によって決まるか。それは，他の商品と同じく，労働力（商品）の再生産に必要な社会的平均的な労働量，すなわち生活手段の価値によって決まる。具体的には，一定の発展段階における特定の慣習や文化水準によって制約され，① 労働者の生活維持費，② 家族子弟の養育費，③ 訓練教育費からなる。これが経済学的説明であるが，この商品が（労働者という）人格付きだという意味で「特殊な」商品であることに変わりない。したがって資本主義社会とは，労働者＝人間ですら，商品取引の対象とすることによって成り立っている経済中心の社会だ

と言える。元来，経済行為は価値と価値の交換によって成り立つ利己心中心の世界で行われる。また，資本主義社会における市場（国家）は，自由競争の下で利己心が全面的に展開する舞台であるが，同時に企業（組織）すなわち雇用関係（賃労働関係）においても，利己心に基づく市場原理が主要な側面になるところに特徴がある。とはいえ，典型的な資本主義企業内においても，分業による協業が前提される限りで多少の協働心は要求される。

2） 組織主義的資本主義

資本主義である以上，国家（市場）レベルでは商品経済を基本とする。そこでは企業を単位とする競争市場が主要な側面であり，いわば組織単位での利己心（集団我）が全面展開する経済中心社会である。ところが，ひと度企業という組織内部においては事情を異にする。終身雇用，年功序列型賃金，集団ボーナス制等，企業全体の利益を最優先に，「協働精神」を涵養するための制度・慣行が幾重にも設けられており，典型的には「日本型資本主義」と言われる組織特性をもつ。たとえば，島田晴雄は「日本はあらゆる共産主義国よりも平等な社会を作り上げ，またあらゆる資本主義諸国より競争的な機構を作った。言うなれば共産主義のメリットと資本主義のメリットを結びつけている実にユニークな国だ」[20]と述べ日本企業を「ミクロの社会主義」と称している。無論，ミクロの社会主義あるいは企業内社会主義といわれる日本企業の内部においても，昇進・昇格をめぐる利己心に基づく同僚間競争は厳然として存在するのであるが，そこでの競争は，市場競争とは性格を異にする。企業組織全体から見れば，飽くまでも副次的と言わざるを得ない。

3） 組織主義的社会主義

旧ソ連邦型社会主義体制を指す。資本主義社会が資本もしくは経済の論理によって成り立っているとすれば，社会主義社会は共同体を原理とする。ただし地球上に資本主義体制の諸国が存在する中での社会主義社会の実現を目指すわけであるから，体制間競争に晒されつつ生産手段の国有化および計画経済を2つの柱として，共同体としての国家建設を志向してきたと言えよ

う。組織主義的社会主義体制のもとでは，国家レベルにおいて協働心が強調されると共に，その器官（構成単位）である社会主義企業レベルにおいても，個人の利益より全体の利益が優先するところに特徴がある。したがって人間本性に照らせば，国家レベルにおいても企業レベルにおいても，協働心を前提とし，協働心を刺激する体制づくりであるため，もうひとつの本性である「利己心」の発露する公的場面が著しく制限されることになる。しかも，忠誠心なり協働心の対象が国家のばあい，個人努力の成果が見えにくいという意味において，その対象が大き過ぎるために，組織（体制）維持のためには，絶えざる「社会主義教育」による信念形成を必要とする。また企業レベルにおいても，人間の本性としての利己心を刺激する場面に乏しく，大義名分のもと種々の論功行賞的施策が講じられることになるが，貢献意欲の確保は制約されざるを得ない。

4） 市場主義的社会主義

この体制は，国全体では協働心を唱道し，その構成要素（単位）や個人間レベルでは競争＝利己心の発揮を目指すもの。いわば社会主義体制を標榜しつつ経済活動を自由化する体制で，具体的には鄧小平が党副総理として復帰（1977年）して以来，90年代初め頃まで掲げてきた「開放政策」のもと，当時唱道された「中国型社会主義」体制を指す。システム全体を協働心，そしてその構成要素間の競争（利己心）を是とする考えは，地球レベルで考察すれば，人間本性に叶うものである。たとえば温暖化問題，オゾン層破壊問題，酸性雨問題等，地球環境問題の解決へ向けては，将にこの様な発想で経済ゲームのルールづくりが期待されよう。また利己心の発露である市場競争自体が，一定の枠内での競争であって，類的存在としての人間を否定するものではない。したがって，人類の経済活動が地球全体に浸透（グローバル化）すればする程，この様な発想が不可欠となろう。

しかし一国レベルの経済体制を前提に考察すれば，やはり無理がある。それは利己心より発する経済活動の象徴としての株式市場を例に取れば，株価変動幅が国家権力により大きく制限された中での株取引に似て，経済活動の

範囲が大きく制約されざるを得まい。そこで「方法一新，立場不変」（胡耀邦）を唱える中国においても，中国型社会主義を廃し，「社会主義市場経済」（1992年11月第14回全国人民代表大会），つまり市場経済を前面にもってこざるを得なかった。「社会主義市場経済」とは「社会主義的要素ないし特徴をもった」市場主義ということであり，人間本性論的には，社会主義≒組織主義的要素をもった市場主義≒資本主義，すなわち　組織主義的資本主義を意味する。4つの経済体制に照らせば，中国は1992年以降，意識的ではなかろうが，日本型資本主義体制への道を歩み始めたことになる。もっとも，意識的には，全体の統制＝協働面を従来より弱くしつつ，その分競争原理＝利己心の発揮に期待していると思われる。

　以上，人間の本性と4つの経済体制の特徴を見てきたが，「市場主義的資本主義」に関して若干補足する必要がある。国家（市場）レベルが利己心を前提とするのは言う迄もないが，企業においても，（協働心ではなく）利己心が支配するとはどういうことか。まず，企業という経営組織体において協働心と利己心のいずれが，より重要な意味（行動準則として）をもつかという問題は，飽くまでも程度の問題であり，類型上の比較の問題である。つまり，「市場主義的資本主義」においては，「組織主義的資本主義」ほか，他の経済体制と比較して，企業内においても「相対的に」より「市場主義的」であるということ，つまり，より「利己心」を前提とする行動が是とされることを意味する。

　つぎに「相対的」問題であると前提すれば，むしろ欧米の企業は著しく「市場的」要素が含まれているという指摘が少なからず存在する。たとえば，「欧米人は企業を組織と見ないで独立した職業人の集まりとみる」[21]と述べる山田　保によれば，その伝統はエリザベスの治世第5年の条例（いわゆる「徒弟制度」）に始まる。すなわちその規定するところによれば，いかなる人物も，少なくとも7年間の徒弟修行をあらかじめ勤めあげなければ，イングランドでは当時のいかなる職業，技能，技芸も将来手がけることは許されない，というものである。山田は，「徒弟制度」とチャールズ・バベジのつぎ

の言説との関連に注目する。

「時計製造は分業を多分最大限に取り入れられたものであろう。下院の委員会において，証言として述べられたところによれば，この技術には102の異なった部門があり，その一つ一つの部門には1人の少年が従弟となり得る。そして彼は彼の親方の専門を学ぶだけであって，彼が従弟期間を終えた後も，さらに一層の教育を受けないかぎり，他のどの部門の仕事にもつくことはできない。ただこのばらばらな部品を組立てる仕事をしている仕上げ工だけは，102名中のただ1人，自分の専門以外のどの部門の仕事をもすることができるのである。」[22)]仕上げ工だけは102工程のどの工程をもすることができるというのであるから，各工程の仕事はさほど困難なものではないと判断されるが，このことから，山田は「作業者が自己の作業を1つの独立的な職業と同様に考え，誇りを持ち，他の作業と全く関係がないと感じるのは当然であろう。」[23)]と述べている。企業を独立した職業人の集まりと捉えれば，自覚的に協業（分業にもとづく協業＝作業内分業）が行われるのは，「大きな石を動かす」時とか，樹木を伐採するなど「単純な協業」の場面に限られることになり，企業内部の分業（作業内分業）は，社会的分業（パン屋，靴屋，鍛治屋等）の一層発展した「複雑且つ高度な分業」であって「自覚のない」社会的分業の延長上の分業，すなわち職業分化の原理の一層の拡張だということになる。

またA. スミスは『国富論』第1編，第1章「分業について」で，前出のピン製造の事例を挙げ，分業の効果について論じているが，分業が発生した原因について説明している第2章においては，分業は人間の本性に見出される交換性向より生じるとしている。つまり，分業の効果を説明するのに企業内部の分業（作業的分業）であるピン製造工場の例を示しながら，分業の発生原因については，社会的分業の説明である人間のみに存在する本性＝交換性向に求めている。そして分業発生の具体例として弓矢の製造，大工，鍛治屋，獣皮のなめし工等の「独立した職業の発生」をあげている。このことから山田は「分業礼賛論にみられる矛盾」という見出しで，「スミスの論理的過程に問題がある……このようにしてスミスには社会的分業と企業内部の分

業（作業的分業）との混同がみられる。」[24)]と指摘する。チャールズ・バベジの「時計製造（102の工程）」，従弟制度のなごり，そしてスミスの分業論を併せて考察すれば，この点はスミスの矛盾あるいは論理上の誤りというよりは，通常見られる企業内部の分業（作業的分業）があたかも「独立した職業人」の集まりのごとく認識される「市場主義的」要素を多分にもっているということである。

　著者は「市場主義的資本主義」の典型をアメリカに見ているが，このことはアメリカを代表する現代の大企業においても見られる。沼上　幹は，「社内ベンチャーの仕組みと機能」に関して3Mと東レを比較して，組織編成や資金調達構造あるいはベンチャーの成功率等に関する比較表をまとめている（表2）。それによると，「ベンチャーの発展」プロセスが東レのばあい「研究開発本部からのアイデア→新事業推進室→新事業本部内の事業部→独立事業部」の順序で，開発本部長を中心に，「組織主義的に」（上から）展開するのに対して，3Mでは「ミニ・カンパニー→プロジェクト→部門→事業部」の順で（下から）展開する。[25)]

　しかもミニ・カンパニーが設立するまでの事情は，つぎのごとくである。

　「ある事業部で新製品のアイデアを持った人間は，まずインフォーマルに自分のアイデアの商品化をめざして，いわゆる『密造（bootlegging）』を始める。……3Mには『15％ポリシー』とよばれる制度があり，技術者は自分の就業時間の15％までを自分の夢のために使用してよいことになっている。アイデアの所有者は，自分の上司のところへ行って資金の提供を願い出る。自分の事業部で資金を獲得できなかった場合には，他の事業部にそのアイデアを売り込みに行ってもよいことになっている。それでもだめなら研究所や社長に直接売り込みに行くことも許されている。」[26)]年間，100から200もの社内ベンチャーが生まれるという3Mのいかにも個人主義的な製品開発プロセスであるが，事業化に成功した場合に授与されるというゴールデン・ステップ・アウォードの他に，優れた技術者に与えられるカールトン・ソサイェティやサークル・オブ・テクニカル・エクセレンス等が設けられており，これらの名誉ある報酬を求めて動機づけられる技術者の世界は，将に

表2　3Mと東レの比較

	3M	東レ
ベンチャー組織	事業部内の製品開発部，中央研究所，セクター・レベルの研究所	新事業本部，プラスチック事業本部内のいくつかの事業部
ベンチャー・チーム編成	マーケティング，技術，製造（財務） メンバーは内部リクルートも。プロダクト・チャンピオン	マーケティング，研究開発，生産，および新事業本部のスタッフの支援 メンバーは任命（人事部を介しての交渉）新事業本部と研究開発本部との協議
ベンチャー資金源（社内のベンチャー・キャピタル）	多元的スポンサー・システム	本社側にはベンチャー・キャピタルとしての意識はある。 非公式に研究者・技術者がアイデアを売り込むネットワークがあり，それに対する部長クラスの資金的裁量がある。
アイデアの選別基準	「できればパテントを取れる製品または工程を含むアイデアであること」 アイデアに対する反証の提出	新事業本部と研究開発本部との協議。必ずしも明瞭な数値的基準はない。
中断の決定基準	1年目以降はプロジェクトのROS，ROI，売上成長率	できるだけ息長くやらせる。通常の予算管理による月次単位のチェック。 中止の判断は経営会議で下されるが，その基準は必ずしも明確ではない（意図的に設定しない）。
ベンチャーの発展	ミニ・カンパニー→プロジェクト→部門→事業部	研究開発本部からのアイデア→新事業推進室→新事業本部内の事業部→独立事業部
ベンチャーの成功率	約10%（他社と変わりないといわれている）	約30%
ベンチャーに対する成功の報酬	ベンチャーの発展につれての地位と待遇 多元的キャリア・パス ゴールデン・ステップ賞 カールトン賞 新製品導入に対するボーナス	制度上は既存事業となんら区別はない。
研究開発に対する自律性	「15%ポリシー」	約20%の自主的研究時間の許容「2つくらいのライフワークを持ちなさい」
ベンチャーの失敗への対処	元の職位とレベルへの復帰 取り止めになったプロジェクトへの若干の資金の提供 昇進経路の変更	ベンチャーの失敗に対する処遇は公式に決められていない。

出所：榊原清則・大滝精一・沼上　幹『事業創造のダイナミクス』白桃書房，1992年（4版）100頁。

「競争市場」的世界に他ならない。その様な３Mの技術者達にとって東レの技術者達のように社内と社外を画すると思われる「我が社」意識がどの程度強いかということについては，甚（はなはだ）疑わしいと言わざるを得ない。

5．おわりに

　数千年前に生を受けた乳飲み子と 21 世紀初頭に生まれた乳飲み子との間に，いかほどの生物学的差異が認められるものであろうか。食料事情や医学の発達によって，かなり寿命も延びた。生活環境の変化から，遺伝子情報にも変化が認められよう。しかし，有機的生命体としての人間の生存条件としての生物学的制約はさ程大きく変わったとは思えない。したがって「人間は社会的動物である」という命題の「動物性」＝利己心に人間の本性を求める思考方法は，本性≒本能という視点に立てば否定し得べくもない現実を把握している。その意味では，人間の本性としての利己心は「第１次的」であり，協働心は「第２次的」なものと言えるし，「社会的な動物」という表現のうちに，既に含意されている。ところが，ルソーは，「協働心」をもうひとつの本性として，人間を矛盾対立的存在として二元的に把えた。人間は自己保存本能を離れて「社会」と一体化する本能を併せもつと認識したのである。ルソーにとって「社会契約」は，利己心から発する「身を守るための」手段（社会的工夫）ではなく，「権利の一部ないし全部譲渡」でもない。つまり，国家という組織体は人間本性（社会性向）の具体的創造物に他ならないのである。そこにルソーの人間認識の革命性があったと言えよう。

　「分業による協業の発達と管理の必要性」は人類史が市場中心から組織中心へと推移してきたことを示した。そして輝かしい人類の発展史が，同時に疎外の歴史でもあり，今なお組織成果と動機満足の相剋のうちにあるということは，将に人間は利己心と協働心という矛盾対立的二重性の支配下に存在するということ，そしてこの本性こそ歴史のダイナミズムを形成し，また破壊して進む原動力であることを示している。

4つの経済体制は，利己心（市場）と協働心（組織）の力点の置き方を国家レベルと企業レベルで比較して得られた類型である。近年アメリカ型資本主義を「市場原理主義的」資本主義と称し，社会福祉を重視する「ヨーロッパ（欧州）型」資本主義と区別する試みがなされている。[27] 著者の類型からすれば，近年のヨーロッパ（EU）の動きは，確かに「市場主義」から「組織主義」への移行を意味するものであるが，ここでは「組織主義的資本主義」の典型を「日本型」と捉えた。関心は「日本型資本主義の今後の展開」にあるからである。現下，わが国の政府および財界は「規制緩和」「競争原理」あるいは「成果主義」の名の下に「組織から市場」への路を歩み始めたかに見える。その際，本章の分析が示唆することは，かつて奴隷制社会が長く続かなかったように，人間本性から著しく逸脱した経済体制は長くは続かないであろうということであり，将に「組織と市場」あるいは「組織か市場か」という問題は，今こそ人間の本性に照らして再考を迫られているのである。

注

1) C. I. Barnard, *The Functions of the Executive*, 27th, Harvard University Press, 1976年，pp.14-16.（山本安二郎・田杉　競・飯野春樹訳『新訳　経営者の役割』ダイヤモンド社，新訳26版，1979年，14-16頁。）
2) Adam Smith, *An Inquiry into the Nature and Causes of the Wealth of Nations*, volume Ⅰ, the fifth edition, London, 1789, p.16.（邦訳，大河内一男監訳『国富論』Ⅰ，中央公論社，1976年，27-28頁。）
3) Ibid., p.17.（同邦訳，28頁。）
4) C. I. Barnard, ibid., p.82.（前掲邦訳，85頁。）
5) Ibid., p.73.（同邦訳，75頁。）
6) 土屋守章『現代企業入門』（第一章企業とはなにか）日本経済新聞社，1979年，17-32頁。
7) Adam Smith, ibid., p.7.（前掲邦訳，13頁。）
8) F, W. Taylor, *Scientific Management*, 1947, Harper & Brothers, New York, 1972年版，p.45.（上野陽一訳『科学的管理法』産業能率短期大学出版部，1976年，11版，75頁。）
9) F. W. Taylor, ibid., pp.114-115.（同邦訳，313頁。）
10) 土屋守章，前掲書，33-43頁。
11) 同上書，38頁。
12) 久米旺生『孟子・荀子』PHP文庫，1995年参照。
13) トーマス・アクィナスによって代表される中世の自然法（神の摂理）が，ルネッサンスおよび宗教改革によって，再び人間理性の光に照らされたとき，近代自然法と共に人間本性論が登場する。自然法の二つの原型をストア学派とエピクロス学派にみれば，近代自然法論者にあっては，前者を源流とするのは，グロチウス，プーフェンドルフ，ロック，モンテスキューおよ

びフィジオクラットであり，エピクロスの伝統を汲むのが，ガッサンディ，ホッブス，スピノザ，エルヴェシウス，ドルバック等である。
14) ルソー，J. J. 著，本田喜代治・平岡　昇訳『人間不平等起源論』岩波文庫，1933 年初版，1966 年，第 28 刷　序 28 頁。
15) バーナードは人間を「物的，生物的，社会的諸力の合成物（前掲邦訳書，16 頁）」と捉え，また個人を「物的，生物的，社会的要因である，過去および現在の無数の諸力や素材を具現している，単一の独特な独立の，孤立した全体」（同邦訳書，13 頁）とみなしている。全体性を有し，且つ社会的制約下にあるという「矛盾含みの」人間観はルソーのそれに通じるところがある。
16) 山田　保『日本的経営の経済学：近代経済学への挑戦』中央経済社，1980 年，序。
17) 同上書，48 頁。
18) 同上書，167 頁。
19) 同上書，172 頁。
20) 島田晴雄「『ジャパン・モデル』は死なず」，『文藝春秋』1992 年，2 月号，140 頁。
21) 山田　保，前掲書，6 頁。
22) Charles Babbage, *On the Economy of Machinery and Manufactures*, Fourth Edition, England, London, 1835, pp.201-202.（山田　保，前掲，127 頁。）
23) 山田　保，同上書，127 頁。
24) 同上書，116 頁。
25) 榊原清則・大滝精一・沼上　幹著『事業創造のダイナミックス』白桃書房，1989 年初版，1992 年 4 版，100 頁。
26) 同上書，26-27 頁。
27) 福島清彦『ヨーロッパ型資本主義』講談社現代新書，2002 年。

第2章
経営スタイルの東西比較

1. はじめに

　ここに言う東西とは，東洋と西洋という意味である。したがってタイトルは，企業経営のやり方が西洋と東洋ではどう異なるのかということになる。
　西洋といっても東ヨーロッパ，西ヨーロッパ，そしてアメリカと広範囲に及ぶし，それぞれの地域内部によっても経営のやり方は微妙に異なっていると思われる。しかし，われわれ日本人は，しばしば「欧米流のやり方」とか「欧米式の考え方」という風にひとつにまとめて表現する場合も多い。したがってここでも西洋各地の違いは無視して，東洋と比較した場合の西洋のやり方……典型的には恐らくアメリカという国が考えられる……そういう西洋を考えてみたいと思う。
　他方，東洋についても中国と韓国と日本では，言語・習慣・歴史的体験といった点でずいぶん異なるし，経営スタイルということになれば体制の違いを無視する訳にはいかない。しかし，それでも「儒教経済圏」といった表現が示す様に，これらの国ぐにには西洋社会とは異なる共通のスタイルというものがある様に思われる。そして，東洋の代表者としては日本が考えられる。
　つぎに，経営スタイルを比較することの意味についてだが，一般的には，イデオロギーの対立が緩和されるにつれて，次第に経済摩擦が重要性を増してきたという今日の国際事情がある。とりわけ，近年日米はじめ各国間の経済摩擦と競争が激化している訳だが，牛肉輸入の禁・解禁（BSE）問題が示すように，著者の考えでは，経済摩擦は結局のところ文化摩擦にあり，その解消への努力は，異文化理解，つまり，いかに異なる文化への理解度を高め

るかという問題に集約されると思われる。加えて，海外直接投資の増大に伴う日本企業の海外への進出は，単に資本，技術そして人的資源の海外移転にとどまらず，いわゆる日本型経営の海外への移転可能性という問題を提起すると同時に，翻ってわが国内部における企業経営の国際化，もしくは西洋化の可能性と限界という問題を提起している。この様にわが国の企業経営を巡る事情は，国内外において極めて流動的であり，今後のあり方ないし方向性を探るためには，座標軸としての東西比較は不可欠である。しかるのちに，今後日本型経営の何が，どの程度，どの様に変わりうるのかについての示唆が得られるものと思われる。

以下では，まず日豪関係を例に，国際化時代の企業経営の課題について問題提起をおこない，つぎに，主としてアメリカと日本を念頭に置きつつ経営スタイルの東西比較のモデル化を試みる。そして最後に，最近の産業構造の変化の波を受けて，いわゆる日本型経営なるものがどの様に変容しつつあるのかについて言及したい。

2．国際化時代の企業経営

経済摩擦を個別企業の国際市場における行動レベルで捉えるならば，ある国家もしくは地域内部で通用してきた企業の行動原理（ないし「論理」……たとえば，競争のあり方，商習慣，政府との関係，マネジメント・スタイル等にかかわる）が，他の地域における異なる原理と遭遇し，衝突し，且つ互いに他を克服しえない状態のこと，と言える。この様な衝突は，無論両者（国）の経済交流の妨げになる訳だが，その原因が経済外的諸要因，とりわけその地に固有の文化的・社会的・歴史的事情の相違に根ざす場合は，激しく，且つ深刻なものとならざるを得ない。企業経営の国際化，あるいは国際化時代の企業経営の課題は，かかる障壁の克服如何ということであり，経済摩擦が，結局のところ文化摩擦であると称するゆえんである。

ところで経済摩擦は常に顕在的であるとは限らない。むしろ情報化時代と言われ，国際化時代と言われる今日，ある2国間関係において経済合理的事

由によってよりも，文化的差異によって経済交流の不活発な状況がもたらされているとするならば，そこに横たわっている障壁は，顕在的なケースよりも却って高い場合がありうる。

その様なケースをわれわれは，日豪間関係において見ることができる。日本の近代化は「脱亜入欧」の願望から始まったといわれるが，今日のオーストラリアは「脱欧入亜」の傾向によって条件づけられているかに見える。だがその達成度はといえば，経済的にも文化的にもわが国が「入欧」化した程度に較べれば，オーストラリアのそれは極めて低いと言わざるを得ない。無論，豪州とアジア，特に東アジアとの経済交流を貿易，資本，技術移転といった点で捉えれば，近年目覚ましいものを見ることができる。だが，国際化時代の企業経営の課題を上述のごとく，経済摩擦の克服という点から捉えたとき，欧米文化圏に属するオーストラリアが，文化的差異を越えて，果たしてどの程度「アジアの仲間入り」をすることが可能か，については大いに疑問の残るところである。以下，東洋と西洋の文化圏の相違，したがって日豪関係の特殊性を示唆すると思われる幾つかの事例を挙げて，企業経営の国際化とは何かについての問題提起としたい。

アメリカのコンサルタント会社，マッキンゼー社の元日本支社長，大前研一によれば，今日，日・米・欧を軸とする一大国際市場が形成されており，そこでは新しい技術波及の早さと共に，消費者の均質化が進んでいる。つまり，従来10年かかって波及していた技術が今日ではわずか1年で波及し，消費者の学歴，所得水準，生活様式，余暇の過し方などで酷似してきた。他方，保護貿易主義の傾向もあるので，日・米・欧6億のマーケットにおいて国際企業たるためには，それぞれの戦略地域（JUE……日・米・欧）において「真のインサイダー」に転身する以外に道はない。そして，そのためには「異文化間の連帯の大切さを強調するとともに，変革なくしては将来は開けないこと，危険を冒さずしてはなにも得られないことを強調したい」[1]というものである。ところで，氏のいう三大戦略地域はそれぞれ固有の市場基盤をもっており，それを含めれば，それぞれ4つの市場拠点から成り立っている（図2）。

2．国際化時代の企業経営　33

図2　JUE 三大戦略地域

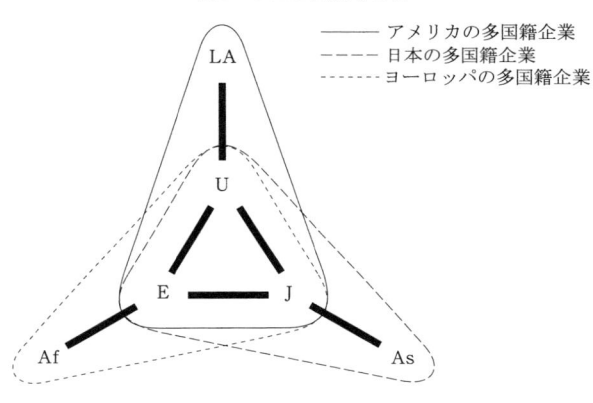

――― アメリカの多国籍企業
――― 日本の多国籍企業
‥‥‥ ヨーロッパの多国籍企業

U ：USA　　　J ：日本
E ：ヨーロッパ　LA：ラテン・アメリカ
Af：アフリカ　 As：アジア

出所：大前研一『トライアド・パワー』203頁。

　オーストラリアは大前氏のトライアド・パワー・モデルにおいては，果してヨーロッパ市場圏か，それとも日本を中核とするアジアに含まれるのか。おそらく後者であろう。問題は，その含まれ方にある。つぎの4つの表は過去20年ない30年間のオーストラリアとアジアとの貿易および世界経済に占める各地域の割合を示したものである（表3〜6）。まずオーストラリアからの輸出先について見れば，対北米への輸出がほぼ横ばいであるのに対して，西ヨーロッパ向けは半分以下に落ち，その分対アジア（北東アジアおよび南東アジア）向けが急増している（表3）。輸入先については，西ヨーロッパは勿論，北米からの輸入も減っており，その分アジア，特に北東アジアからの輸入が急増している（表4）。他方，購買力（表5）の点からも，生産力の点からも北東アジアの急成長には眼を見張らせるものがある一方で，オーストラリアの世界経済に占める割合は次第に低下している。（表6）

　これらの表に示されるアジア経済，とりわけ日本を中心とする北東アジア経済の成長ぶりは，大前氏のトライアド・パワーの成立を裏付けている。そこでオーストラリアとアジアとの関係を示すこれらの表と，トライアド・パ

表3　オーストラリアからの各地域への輸出比率

	1965 %	1988 %
NE Asia	25	43.2
SE Asia	4.3	8.1
N America	12.4	12.5
W Europe	35	15.7

表4　オーストラリアへの各地域からの輸入比率

	1965 %	1988 %
NE Asia	11.6	31
SE Asia	4.1	5.9
N America	27.3	23.7
W Europe	42.7	28.2

表5　世界経済に占める各地域の購買力

	1950 %	1985 %
NE Asia	10.4	24.2
SE Asia	32.8	19.9
N America	22.2	16.6
W Europe	1.1	0.8

表6　世界経済に占める各地域の生産高

	1960 %	1987 %
NE Asia	8	19.6
SE Asia	1.2	1.4
Australia	1.4	1.2
N America	46.2	32.7
W Europe	28.9	32.9

出所：*The Australian*, 1989.11.23付.

ワーの図を重ね合わせるとつぎのことが明らかになる。つまり，オーストラリアとアジアとの関係は，目下のところ，貿易面ではアメリカやヨーロッパを凌いで重要な局面を迎えたけれども，それはオーストラリア経済の世界経済に占める購買力および生産力を高める方向には作用していない，と言うことである。何故オーストラリアの企業が日・米・欧の3大戦略地域を中心とする世界市場に進出し，翻って自国の生産力の向上へと向かわないのかについては様ざまな理由があろう。人口1600万人という国内市場規模の限界，あるいは主要な国際市場から遠く離れているという地理的条件の悪さ，更には労働組合の強さといった理由をよく耳にする。無論，それらは重要な要因ではあろう。

しかし，再びトライアド・パワーの図を見ると新たな要素が浮かびあがってくる。それはJUE三大戦略地域とそれぞれ固有の市場拠点であるAs,

LA，Af との関係に関してである。それらは3大戦略地域から見れば，各々単一文化圏を形成しているという訳ではないが，いわばサブ・システムとしての市場圏であり，文化的にも古くから接触・交流のある地域である。大前氏の世界市場構造の把握が当を得たものであり，且つその様な状況においてオーストラリアが，日本を中核とするアジア経済圏との経済交流を貿易という形では深めつつも，尚生産力の向上へと進み得ないとすれば，両者の間に立ちはだかる障害は，西洋と東洋という文化圏の違い，すなわち文化障壁ではなかろうか。否，むしろオーストラリアが名実共にアジアへの仲間入りを果さんと試みるということは，東西異文化接触・交流の可能性と限界を示す現時点での一大実験ととらえた方がより興味深い。

それでは，欧米の側から見て東洋，とくに日本の社会はどの様に映るのであろうか。オーストラリア出身で元上智大学教授（現多摩大学長）のグレゴリー・クラーク氏はつぎの様に言う。

「われわれが日本において見るものは，洗練され，封建制的装いが施されてはいるが，素朴な村や，氏族や，部族社会に見られる価値観や態度と基本的には同じものである。部族は集団的，情緒的且つ結合力があり，常識が支配する社会である。日本が将にそうである。部族は確固たる理念（ideologies），普遍性のある諸原理，そして厳密な論理的思考に欠ける。これ又，日本がそうである……日本と接する際には，われわれにとっては自明と思われる意思決定や手段が，必ずしも彼らにとってはそうではないことを知らなければならない。」[2]

クラーク氏のこの様な言明の背後には，日本の社会がオーストラリアをも含めた西洋社会とは全く異質のものであるという認識がある。そしてオーストラリアが文化的差異を越えてアジア市場圏，とりわけ日本の市場（ないし企業）と接する際には，意思決定や行動様式が西洋のものとは全く異なることを前提してかからねばならないと警告しているのである。それは，さし当り，西洋と東洋の違いの問題である。そして，国際化時代と言われる今日の企業経営の実際においては，異質な価値間の対立・相剋の問題であり，互いに排斥し，否定し合うのか，それとも理解し，共存へ向かうかの問題であ

る。この様に考えると、仮に日本的経営の国際化という場合、それは異なる2つの方向において捉えることができる。ひとつは、日本型経営の海外への拡大・浸透という方向であり、いわゆる外国の日本化＝ジャパナイゼーション（Japanization）が問題となる。

他のひとつは、逆に日本型経営に対する外国からの影響の拡大、つまり、日本的経営の外国化（当面、ウェスタナイゼーション Westernization）という方向であり、言い換えれば、日本国内において、いわゆる日本的な経営のやり方なるものが、一体どの程度西洋のそれに近づくかという問題である。つまり、企業経営の国際化とは、単なる商品や資本や技術、さらには人的資源の海外への進出、ないし海外からの受け入れの問題にとどまらず、その背後にある価値観や「ものの考え方」の普遍化如何の問題ということになる。

さて、国際化時代の企業経営の課題が異文化接触・相剋の問題だとすれば、日本型企業経営のあり方が一体いずれの方向へ向かうのか——つまり、「外国の日本化」かそれとも「日本の外国化」か——について議論する前に、いわゆる日本型経営スタイルの特徴、すなわち、クラーク氏の言う部族社会あるいは「ムラ社会」における経営スタイルの特徴を明らかにしておく必要がある。それは従来型企業経営に依拠する日本型企業社会の何がどの程度変化し得るかを問う際のいわば原風景の確認作業である。

3．経営スタイルの東西比較

ヨーロッパ文化をインド・ヨーロッパ「遊牧文化」、そして日本文化を農耕文化……正確には「水稲栽培的農耕民文化」と規定する考え方がある。例えば、荒木博之はつぎのように述べている。「現在のインドからアイルランドにいたる地域に現存している大部分のインド・ヨーロッパ人は、長い歳月、異なった風土、混血などによる変化を受けながら、それぞれ現在見るが如き民族による多様性を示すようになってきた。しかしながら、そういった多様性にもかかわらず、欧米人はその中核に動かしがたいインド・ヨーロッ

3. 経営スタイルの東西比較　37

表7　ハンター-ファーマー・モデル

	狩猟社会	農耕社会
1）対自然	1）環境支配 （上から下への意思決定）	1）環境適応 （下から上への意思決定）
2）行動様式	2）ゲーム：行動主義 （水平的労働市場）	2）栽培：忍耐が美徳 （垂直的労働市場）
3）協働スタイル	3）共通目的のもとでの 　システマティックな行動 （各人の技能による成果） （寄木細工的組織） （産業別組合）	3）価値共有のもとでの 　協働的行動 （チームワークによる成果） （一枚岩的組織） （企業別組合）
4）技能	4）技能：訓練による熟練 （ビジネススクールでの訓練） （短期的評価） （システムの一員）	4）技能：経験の長さ （仕事を通しての経験） （長期的評価） （家族の一員）
5）組織と個人	5）契約のもとでの相互独立関係 （労働力の雇用） （会社への部分的参加）	5）信頼のもとでの相互依存関係 （全人格的雇用） （会社への全面的参加）

パ的コアパーソナリティを連綿と保持しつづけてきた。それは遊牧という生業経済を中心とするかつてのインド・ヨーロッパ人たちの生きざまによって決定されたパーソナリティである。以上が私の欧米文化に対する基本的認識である。」[3]

　その根拠は言語の類似性，考古学的な遺物に見られる馬の種類，戦車の形態，戦いの神々の共通性などに求められるのであるが，この考え方を借用し，著者なりに狩猟社会の特徴および農耕社会の特徴をとりあげ，それぞれについて企業行動の特性を関連づけて作成したのがハンター・ファーマー・モデルである（表7）。以下，各項目について簡単に説明したい。

1）対自然

　農耕社会においては環境を支配するというよりも，環境適応的であること

が求められる。自然との関係が意思決定スタイルの違いに反映するというのは，多少論理の飛躍があるが，長年にわたる自然環境との関係が，対人関係とりわけ競争相手や組織における上司の部下に対する関係に反映するということは大いに考えられる。事実著者がハンター社会だと考えるアメリカでは，環境については企業のトップが一番よく知っていると前提されるし，マネジメントという言葉は部下をよく管理し，統制することの意味で使用される。

　それに対して日本の様に四季の変化がはっきりしていて，雨季があり，毎年どこかで水害が起り，必ず何度か台風がやってきて，時々地震に見舞われるというところでは，「自然は統制不能」であり，したがって環境適応的な考え方が支配しがちである。たとえば，死者不明者合わせて6,427名の犠牲者を出した「阪神淡路大震災」（1995年1月17日発生）に際して，外国の報道機関が，パニックに陥ることなく，いわば「諦念」にも似た面持ちで行動している日本の被災者達の姿にむしろ驚きの目を向けていたことが想起される。

　日本の企業では優れた管理者とは，トップの考えを部下に浸透させると同時に，部下の考えをよく吸収し，それをトップに正しく伝えるという，いわば媒介者的役割が旨く果せる人物である。（今日は「無礼講」で行こうと言って乾杯の音頭を取る管理者の姿を想起されたし。）つまり，企業の環境変化をよく知っているのは現場であり，その現場の信頼を得て企業内外の状況を正確に把握できる人物がよい管理者とみなされる。その意味では，マネジメントは統制者というよりは調整者，支配者というよりは媒介者という意味を帯びることになる。

　意思決定プロセスがファーマー社会では「下から上へ」となっている。たとえば，稟議書の作成に関して，確かに「下から」発議し，次第にヨリ上位の責任者が承認するという手続きが取られるので（ちなみに「稟議」とは上位の人にはかり申しあげること，を意味する），形式的には「下から上へ」の意思決定と言えるが，現実的には上司が発案し，現場（下位者）が文書作成に当たることを思えば，上から下そして下から上へのU字型の意思決定

と言うべきかもしれない。したがって、ここでの強調は、一方的に上位者が決定し下位者が実行すると言うのではなく、むしろ「下位者の合意」形成が重視されるという点にあると理解されたい。

2） 行動様式

ハンター社会では労働市場は水平的且つ外部調達的である。組織の各階層はトップから最下層にいたる迄、独自の水平的市場をもっている。例えば、トップ・マネジメントは全国レベル、ミドルは州レベルそしてロウアー・マネジメントおよび一般従業員は市や郡のレベルといった具合に、それぞれ横断的に労働市場が形成されている。たとえば、横断的市場の下では、フォードの副社長が競合会社であるクライスラーの社長に就任し、再建にあたるといったことは不思議なことではない。将にヘッド・ハンティングが日常的に行われている社会である。大学も例外ではなく、学長は無論のこと、学部長が他の機関から移動してくることも珍しくない。また、アメリカでは「先任権」制度（seniority system）があり、長期雇用者を優遇すると言う意味では、「年功制」に類似しているが、人員整理（lay off）の必要が生じた時に若年層（短期雇用者）の方から整理の対象になる点が日本とは異なる。整理の必要が生じた場合に日本ではなぜ「定年に近い者」からその対象になるのかについては、年功制の下では人件費負担の問題があること、また日本経済が絶えざる技術革新にさらされてきた（後発型資本主義）ため、若年労働力の養成こそ競争に打ち勝つ基本的条件であったことなど考えられるし、アメリカの先任権制度については、労働組合が運動のなかで勝ち取ってきたという歴史的事情がある。と同時に定住を好む若者の社会と比較的移動を苦にせぬ若者の行動様式の違いが労働市場構造の違いを形成したものと見ることもできよう。

他方、農耕社会における労働市場は垂直的且つ内部養成的である。いわゆる「学卒一括採用方式」によって一度ある会社に就職（社）したら、そこに長くとどまり、多くの場合定年退職するまでその会社を辞めない。ハンター会社では「行動なくして結果（ないし収穫）は期待できない」（No action, no gain!）のに対して，ファーマー社会では忍耐が美徳である。ハンターは結果ないしパフォーマンスを重視するのに対して，ファーマーにとってはプロセスこそがより重要である。事実，アメリカの企業が短期の利潤を重視するのに対して，日本の企業は研究開発，そしてマーケット・シェアーを重視すると言われている。[4]

この行動様式の違いは，経済摩擦発生時においてはより先鋭化した形で現れる。たとえば，政府間協議においてはしばしば「数値目標」であるとか，「アクション・プログラム」といった用語が交わされるが，ハンター社会における数値目標は達成されるべき目標であり，もし達成できない事態が生じれば，何らかの形で責任が問われる，いわば「契約」的意味をもつ。またアクション・プログラムは，目標達成へ向けて「善処」するという意味ではなく，アクション，すなわち「主体的意志をもって，必ず」行動に移すということであり，単なる「行動計画」以上の内容が含意されているのである。経済ゲームはルールが尊重される。しばしば指摘されるフェア-ネスとアンフェア-ネスの認識の違い同様，アクションの持つ意味の違いに留意する必要がある。

3）協働スタイル

組織形成の行動様式の違いについてだが，ハンター社会における組織づくりの動機は個人能力を超えた課題（目的）達成のための協働行為であり，システマティックである必要はあるが，必ずしも持続的協働である必要はない。他方ファーマー社会においては組織形成の動機（個人能力の限界の克服）は同じであっても持続的協働，とりわけ価値共有のもとでの協働行為が不可欠である。自然を克服することによってのみ成果が得られるハンターの世界では優れた個人能力の高さが協働の成果を決定的にするのに対して，自然法則への適応ないし利用によってのみ成果が期待されるファーマーの世界では，個人技の高さよりも協調（チームワーク）の度合いが重視されよう。村落協同体の違反者に対する制裁が火事と葬儀のみを例外とする慣例（村八分）がそのことをよく示している。ファーマーの世界は一人の裏切り者の登

場のために田畑が全滅する危険が常に存在する世界でもある。

　つぎに組織構造と機能の違いについて。典型的にはハンター社会の寄木細工的組織（mosaic-like organization）に対するファーマー社会の一枚岩的組織（monolithic organization）の違いによって示される。アメリカ企業と日本企業の組織特性の違いを念頭に置きつつ二つのタイプの組織を考えてみた（図3）。

(1)　第一の違いは，A，B，C，Dという符号がAタイプではシ・ゴ・ト・（Job）で，Jタイプではヒ・ト・（ManないしPerson）を連想させるということである。JタイプではBという部長が新しい部署に配属される際，DまたはE，あるいは両者を伴って異動するということが珍しくない。その際，B，D，Eはチームあるいはパートナーとみなされている訳である（組織ユニット）。

　たとえば，経営者に対して「ヒト」が大切か，それとも「システム」（ないし職務の体系）が大切かと問えば，わが国においては組織の規模の大小にかかわらず十人中十人が「ヒト」と答える。他方M. ウェーバーは近代官僚制の機能特質として，官僚あるいは職員が仕えるのは没主観的な組織の目的や規則に対してであって，特定の支配者や彼らの個人的な関係に対してではない点を強調しているが，その意味ではファーマーの組織

図3　寄木細工的組織 VS 一枚岩的組織

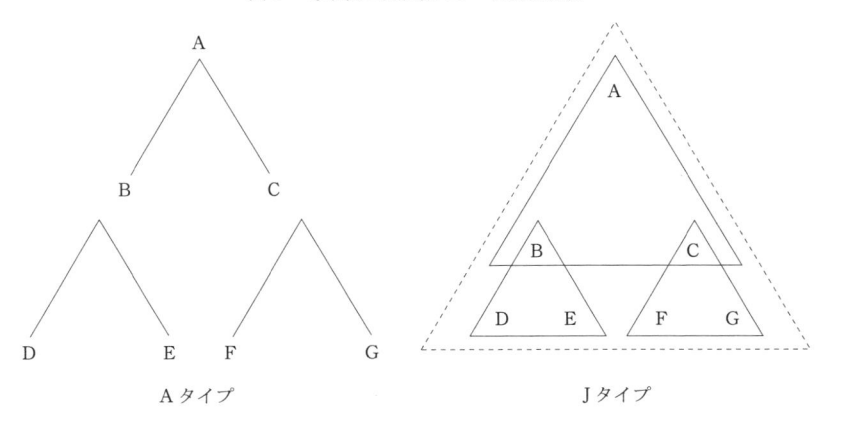

Aタイプ　　　　　　　　　　　Jタイプ

特性はウェーバーの言う近代官僚制とは対極にあると言えよう。

(2) つぎにヒエラルヒー関係であるが，AタイプではAとB，C，そしてBとD，Eが役割・機能の結合として「目的─手段の連鎖」を形成している。他方，JタイプではチームとしてのA─B─CとB─D─EそしてC─F─Gがそれぞれ「上位システムと下位システムの連鎖」を形成している。また，BとCが二つのシステムにまたがっているという特徴がある（階層）。

組織が情報の収集と処理のための意思決定体系であると同時に目的と手段の連鎖体系であることを明示したのはH.A.サイモンであるが，組織＝目的達成の手段と言う意味で組織＝道具観にたてば，一枚岩的組織は寄木細工的組織と比較して，目的と手段の関係が不明瞭，つまり意思決定点（責任の所在）が不明瞭と言える。

(3) したがって，シゴトとシゴトあるいはヒトとヒトとの関係だが，Aタイプでは究極目的(A)を達成すべくタイトに結合しているのに対して，Jタイプではルースに結合しているといえる。Aタイプでは職務規定あるいは職務の守備範囲が明確である（ユニット間関係）。しばしば「隣の電話に出ない」とか「職務範囲以外のことを頼めば，余分の金（extra pay）が要求される」とか誇張して伝えられることがあるが，将にNone of my businessである。Aタイプが機能合理的な精密機械のごとき組織をめざすのに対して，Jタイプは良く言えば柔軟，悪くいえば責任範囲が限りなく曖昧な世界ということになる。

(4) 労働市場との関係で，組織構成員が「取り換え可能か」否かという問題がある。Aタイプでは仮にCが仕事に失敗し，不適格者だということが解れば，外部市場からC′が雇用される。（You fire, you hire!）Jタイプでは，C，F，Gは相互補完的な関係にあって，仮にCが有能さに欠けるばあい，F，Gの部署に強力な若手を送るといった配慮がされよう（解雇）。無論，Jタイプにおいてもリストラと言う名の解雇はある。しかし，それは最後の手段であって，まずは非正規労働者（パート，派遣，嘱託，契約，アルバイト等）から，つぎに出向者あるいは希望退職者を募り，そ

れでも人員削減の必要に迫られたときに，既述のごとく高齢者から退職勧告に到る。

(5)　最後に管理スタイルの違いについて。寄木細工的組織（Aタイプ）では各担当者が自らの役割・機能を十分発揮すべく全体がよく統制されている必要があるし，一枚岩的組織の方は各参加者の合意が重視される。Aタイプがコントロールによるマネジメントだとすれば，Jタイプはコンセンサスによるマネジメント，しかも，点線が示す様に全体が一枚岩的で「イエ」という概念で統合されたマネジメント・スタイルである（全体の統合）。第5章および補論で詳述することになるが，この点線「イエ・アナロジー」の意味は重要である。まず，Jタイプから点線を除けば，R. リッカートのシステムⅣ（参加型リーダーシップ）モデルと同じ形になり，Jタイプは行動科学者が推奨する参加的要素を多分に含んだ組織ということになる。だが，点線の意味するところは，将に一枚岩，つまり高い組織凝集力と同時に排他性をも意味している。ウチなる者への権利を手厚く，ソト（部外者）に対しては，その分薄くするのが行動準則として日常化する。それだけではない。排他性はジェンダーにも及ぶ。イエ・アナロジーないしイエ・イデオロギーが絶えざる価値共有に裏打ちされた「生活共同体」として具現されるためには，雇用の中断（結婚，出産，介護など，理由は何であれ）は組織秩序の撹乱要因以外の何物でもないからである。

つぎの違いは労働組合のありかたについてである。欧米にも企業単位の労働組合は勿論存在するし，わが国においても「産業別」労働組合は勿論ある。違いは，働くひとびとの賃金など，主要な労働条件が基本的にどこで交渉され，決定されるかと言う点にある。欧米では産業別，ないし職種別の全国組織（ナショナル・レベル）でまず基本線が提示され，ついで地方（ローカル・レベル）から個別の企業単位へと降りつつ具体化されるのが，通常であり，個別の企業が全国組織の承認を経ずして，たとえばストライキに突入した場合は，山猫スト（wild cat strike）と呼ばれる。対してわが国においては，個別企業レベルでの労使交渉こそ最重要であり，同一職種は勿論，同一産業においても個々の企業ごとに賃率は著しく異なることになる。この

違いの源流はそれぞれの労働組合の生成・発展の歴史の違いに求められようが，わが国においては，賃金が労働（力）の対価としてよりは，組織成果の分配の意味合いが強いということ，そしてその背景には「イエ・アナロジー」が存在すること，既述のごとくである。

4） 技能

農耕社会においては，各人の技能の高さは経験の長さに比例する。というのは農業においては，専門技術というよりは微妙な自然状況の変化への理解，つまり，状況判断能力が重視されるからである。他方ハンターの技能は，訓練に裏打ちされた高い専門性を特徴とする。寄木細工か一枚岩かという組織特性の違いはおのずと要求される技能の養成スタイルの違いをもたらす。職務の体系からなる組織において，働くひとびとに求められる技能は，目的と手段の連鎖の中で（究極目標・中間目標・細部目標），「一定の」役割・機能の担い手としてのエキスパートネスである。究極目標（完成品）の出来映えは，個々の担い手（部品）の出来映え（技能水準）に依存するわけだが，あたかも部品の組み立てからなる「仕事の流れ」（work flow）の世界においては，隘路（bottle neck）の発生を著しく嫌うことになる。それ以上でも以下でもない「役割・機能の担い手」としての技能の養成は，ビジネス・スクールであれ，社内教育という形であれ，「教育機関」の下でシステムの一員として養成（Off the Job Training）した方がより効果的であり，それで十分である。そして，求められる技能の評価に関しても，当該職務の達成能力に限っての評価であり，したがって通常「短期的評価」ということになる。また，「教育機関」を経た技能水準の体得者は，かかる技能（労働力）の売り手として横断的労働市場を形成することにもなる（移動型技能養成）。

他方，一枚岩的組織の下で要求される技能は家族集団の一員としての技能であり，無限定的である。長期滞在が予定されている人物の技能養成は「仕事をしながら」（On the Job Training）行うことになり，その評価もおのずと長期的となる（定住型技能養成）。労働の成果を規定する決定的瞬間が

ハンターとファーマーでは異なる。自然の法則に大きく依存するファーマーの世界では流れる時間帯も長いし、したがって必要とされる技能に対する評価も訓練も長期にわたらざるを得ない。この長期訓練についてP．ドラッカーはみずから「日本ではなぜ、労働者の抵抗無くして新技術の導入が比較的スムーズに行われるか」と問い、つぎのごとく述べている。

「その秘密はおそらく日本人が言うところの『絶えざる訓練』("continuous training")にあろう。これはまず次のことを意味する。すなわち、すべての従業員、そしてしばしば管理職や最高経営者たちを含むひとびとが、みずから訓練し続けることをしごとの一部と心得ているということ、そしてそのことが退職する日まで続くということ。これは通常見られる西洋の訓練のしかた、すなわち訓練は新技能の習得のためであったり、新しい地位に移動する時に限られるというのと全く対照的である。西洋の訓練は昇進志向（promotion-focused）であり、日本のそれは出来映え志向（performance-focused）である。つぎに日本の従業員は、みずからの職務に関する訓練のみならず、ほとんどの場合、その地位が高いか低いかにかかわらず、おなじレベルの他のすべての職務についての訓練を受けているということである。」[5]

5） 組織と個人

最後の項目は「組織と個人の関係」に関するものである。ハンター社会の組織参加は、共通目的達成へ向けての各人の契約に基づく参加であって、必ずしも全人格的参加が要求される訳ではない。従ってビジネス・ライフと私生活の境界がはっきりしている。ところがファーマーの社会は、そうは行かない。その境界が不明瞭であるし、仕事上の一度の失敗は組織成果にとって致命的である。しかもファーマーの世界では長期雇用を前提にするために労働者を雇用する際の条件ないし意味あいがハンター社会とは異なる。ハンター社会が労働力、より正確には賃金の対価としての一定時間の技能と労働の提供を求めるのに対して、ファーマーの世界では労働力の提供のみならず、「長きにわたって協働するに値する資質（人格）と覚悟」を求める。ハ

ンター社会では「労働力」を購入し，ファーマー社会ではむしろ「人格」を重視するということになる。

　したがって，参加した後においても組織と個人ないし会社と生活の関係がハンター社会では「仕事面に限定」されるという意味で部分的参加であるのに対し，ファーマー社会では全人格的参加が要求される。総じて，ハンター社会では一度失敗しても「もうひとつのチャンスがある」ということを思えば，ハンター社会のビジネス・ライフは一種の「ゲームの世界」だとも言えよう。

　以上，垂直的労働市場，一枚岩的組織，OJT，全人格的雇用等，いわゆる日本型経営の特徴が，今日いかなる変化を遂げようとしているのかについては後述するとして，ここでは，ファーマー・モデルはまさに男子正規従業員を中心とする組織と個人のありかたの典型であり，そのことが長きにわたってわが国では，性別役割分業を軸とするジェンダー型企業社会を形成してきたことを指摘するにとどめたい。

　ところで，ハンター社会は個人主義を基礎に成立しており，ファーマー社会は集団主義もしくはコミュニティを基礎にした社会である。

　この2つの社会の違いの基礎には「モノの考え方の違い」というものがある。

(1)　自己認識のプロセス

　『ジャパニーズ・マネジメント』の著者であるパスカルとエーソスはその違いをつぎの様に指摘している。西洋社会（ここに言うハンター社会）では「自我を他と切り離すことのできる信念，才能，経験をともない，そしてほとんどの観点において一切の他のものから独立した明白な存在と見る。」それに対して日本人は伝統的に「自分の世界をカテゴリー別（友，親戚，部下）に見ず，（最深奥部の）内なるものから，外周へと広がる，相互関係の同心円的な環の組み合わせと見ている。」[6]

　したがって，われわれ日本人は「他との関係を認識してはじめて自己の認識に到る」と言えるし，自我確立＝アイデンティティを是とする西洋人が，内在的基準あるいは信念に基づいて自らの行動を制御するのに対して，日本

人は外在的基準あるいは状況との対応で標準的行為をとろうとする。

(2) 「成長すること」の意味

西洋では「成長する」あるいは「大人になる」ということは，依存状況からの独立を意味する。他方日本において成長する，もしくは大人になるということは，自らを取り巻く相互依存的状況の認識に到ることを意味する（図4）。マーク・トゥエインが「自ら多数意見の側に居ると気付いたときは，それは改心すべき時である」(Whenever you find that you are on the side of the majority, it is time to reform.) というのに対して，岡倉天心は「人生の極意は自らを取り巻く状況への絶えざる順応のうちにある」(The art of life lies in a constant readjustment to our surroundings.)（格言集）と言う。アメリカにおいて定年退職の日は，晴れてようやく誰の世話にもならない人間としての独立記念日だとすれば，日本では帰属する対象，すなわち相互依存状況の喪失を意味する人生のうちで最も悲劇的な日のひとつということになろう。

大人への成長に関して，たとえば行動科学者の主要人物のひとり，C. アージリスは人間の心理的成長過程を「幼児から大人になる」過程と捉えて次の7つの項目をあげている。

すなわち，①受身状態から能動的状態へ ②依存から独立へ ③限定的行動から多様な行動へ ④衝動的興味から持続的かつ深い興味へ ⑤短期展望から長期展望へ ⑥従属的地位から同等ないし上位の地位へ ⑦自己意識の欠如から自己統制へ（第6章補論128頁参照）。

これらの項目のうち，①，②，⑥，⑦はあきらかに「ハンター社会」の特徴であり，対して③，④，⑤については「ファーマー社会」に特徴的な項目だと著者には思える。

いずれにしろ，この様な自己認識の違い，そして成長に対する考え方の違いは，国民性の相違あるいは社会構成のタイプの違いとなって現われる。だが，この様な違いを絶対視するのは正しくない。およそ社会現象は人びとの日常的価値観を含めて，歴史的発展のプロセスとみなすべきである。日本的経営の国際化について考える際，その可能性如何は，結局のところ日本人が

図4　成長することの意味

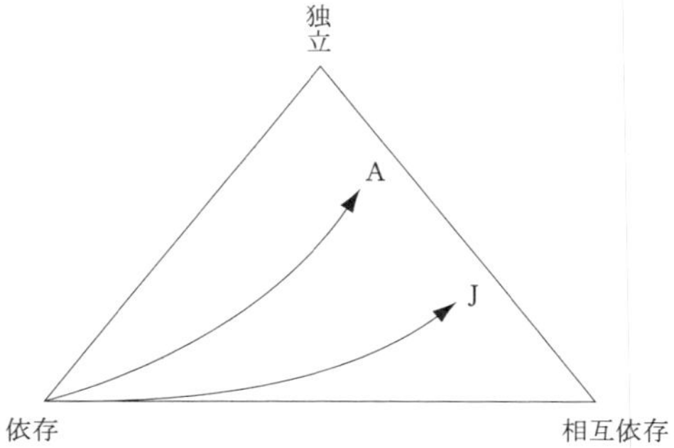

```
         独
         立
         △
        /|\
       / | \
      / A↗ \
     /  ↗   \
    /   ↗ J↗ \
   /    ↗↗    \
  /    ↗       \
 /_____\
依存          相互依存
```

国際的（西洋的）モノの見方・考え方を一体どの程度共有できるかにかかっていると言えよう。ここで再び第1章で示した「4つの経済体制」（図1，20頁）を見ることにする。わが国の経済体制は「組織主義的資本主義」体制であり，人間の本性に照らして，妥当性を有する。したがって，市場原理の導入，構造改革，あるいは成果主義の導入の名の下に展開される様ざまな改革は「組織主義的資本主義」体制の枠内で行われるべきものであろう。しかし，大なる変化が求められ，事実変化しつつあることは間違いない。革命的ではないが，体制内変革は確実に起こっているのである。以下では，その様な観点に立って今日わが国で展開している産業構造の変化とそれに伴う技術・組織・ヒトにかかわる「変化の兆し」について検討したい。

4．産業構造の変化と日本の針路

1）体制内社会構成の諸類型

図4における2つの成長路線，すなわち依存から独立，そして依存から相互依存をそのまま拡大し，それぞれ社会創造（X軸）および社会統制（Y軸）と言い換えれば，体制内社会構成の諸類型が得られる（図5）。依存状況から独立することをもって「成長」とみなす社会，そのような社会は既成概念にとらわれず，開拓者精神に満ちた創造性豊かな社会（creative

図5　体制内社会構成の諸類型

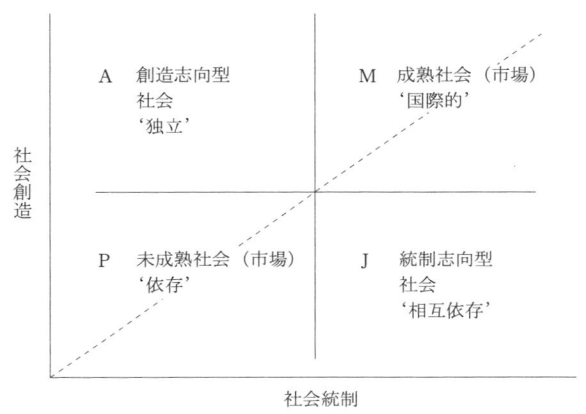

```
        社会創造
          ↑
  A 創造志向型      M 成熟社会（市場）
    社会              '国際的'
    '独立'
  ─────────────────────────────→ 社会統制
  P 未成熟社会（市場）  J 統制志向型
    '依存'             社会
                       '相互依存'
```

society）である。他方，依存状況から相互依存状況の認識にいたる過程を成長とみなす社会は，歴史・伝統・慣習への感覚を重視する秩序志向の強い社会（control oriented society）である。これは先の4つの経済体制とは異なる座標軸となっており，資本主義体制内での4類型を示すものだが，わが国が次第にヨリ「市場主義的資本主義」への志向を強めているとの認識のもとで，アメリカ型資本主義と日本型資本主義の特徴を「創造」と「統制」を軸に類型化したものである。したがって，4つの経済体制との関連で言えば，図5は「組織主義的資本主義体制」の枠内でのいわば「入れ子」のごとき内容になっていると理解されたい。

　Aはアメリカ合衆国の様な創造志向型社会を示しており，Jは日本の様な統制志向の強い社会を示す。アメリカのばあい，連邦政府を形成することにより，PからAへと成長したわけだが，それは同時に，ローカル市場から全国市場成立の歴史でもある。国際場裡においてPからAへの路線の延長は，「強いアメリカ」の再現，すなわちアメリカ帝国主義の道であろう。他方，日本のばあい殆ど単一民族国家という条件の下で，社会統制秩序を強化しつつPからJへと成長し，類まれな高密度のコンテキスチュアル（contextual）な社会を形成した。PからJへの路線の延長は，アジアのド・

ゴール主義（もしくは,「大東亜共栄圏構想」），あるいは日本型社会の海外移転という意味で外国の日本化（Japanization）の道であろう。

だが著者の考えではこの2つの方向（P→AあるいはP→J）は，いずれも旨く行かず，AからMそしてJからMの方向へ針路変更を余儀無くされるものと思われる。周知のごとくアメリカはベトナム戦争以後，湾岸戦争においても，またイラク攻撃においても，経済的にも政治的にも他の多くの国ぐにとの相互依存状況を無視しえないことが証明された。それは国際社会におけるインサイド・アウト（inside out）な見方からアウトサイド・イン（outside in）の見方への変更ともいえるし，天文学でいう天動説から地動説への切り替えの必要が示されたとも言える。その意味では，ヨーロッパ文明を背景にしつつも，その歴史的しがらみから開放された形で，いわば純粋培養的に市場主義的資本主義をひた走ってきたアメリカは軍事的にも，経済的にも，あるいは地球レベルでの環境問題への取り組みの必要という意味でも軌道修正を余儀なくされているといえよう。

他方日本は戦後四十数年，先進国に追いつけ，追い越せの精神で経済力をつけ，いまやアメリカ，ヨーロッパと並ぶトライアド・パワーのひとつと目されるに到ったわけだが，今日日本に求められるのは，西洋社会の模倣とその精緻化に裏打ちされた統制志向型社会に終わりを告げ，創造性豊かな社会づくりに向かうことである。統制志向型社会から創造志向的成熟社会への方向（J→M）は，心理学者ピアジェの発達心理学の用語を借りれば，イミテーション（imitation）からアコモデーション（accomodation）への道である。そして確かに，最近の日本における社会変化のいくつかの現象を拾ってみると，試行錯誤的ではあるがJからMへと大きく軌道修正を始めたと思わせるフシが見られる。

2） 構造変化と技術・組織・ヒト

まず条件変化の基本として，ここ30年ないし40年間で産業構造が大きく変化したことが挙げられる（表8）。第1次産業の就業者比率を見れば，1960年に30.2％であったものが2004年には4.5％まで激減している。他方

第3次産業はこの間，対照的に41.8%から66.95%に増加している[7]。したがって，まず注目すべきことは，第1次および第2次産業から第3次産業中心型への産業構造の変化は，いわゆる「経済のソフト化」現象をもたらしたし，農林・水産業を中心とする第1次産業に関しては，これ以上減りようがない程度にまで減少したということである。日本経済は製造およびサービス産業中心へと変化した。とりわけ1970年から1980年にかけての第一次産業と第三次産業の変動が顕著であり，経済のソフト化現象は，すでに1980年代に決定づけられたと言うことが読み取れる。このことは，本書のテーマである「ジェンダー型企業社会の終焉」の始まりという意味で重要な意味をもつ。なぜなら経済のソフト化は男子正規従業員を中心とするハードな経済構造をゆるがす内生的要因として重要な意味をもつからである。

つぎに第2次産業内部における変化に注目する必要がある。就業者比率に関する限り，この分野では1960年（28.0%）から70年（35.1%）にかけて急増したが，以後徐々に減少し，再び60年レベル（27.5%）まで落ち込んだ。その意味では第2次産業（製造業）に関するかぎり，第1次産業のような劇的な変化は見られない。だが，製造業内部において生産工程そのものに従事する人びとの割合は減少しつつある。たとえば，事務機器メーカー㈱リコーでは海外支店をも含めて総従業者数は約4万名を数えるが，本体としての生産工程に直接従事する者は，その5%，すなわち2000名に過ぎないと言う。この様に，今日日本の製造業においてはその人的資源の多くを研究開

表8　労働力調査による産業3部門別就業者割合　　　　　　　　　　（%）

	1960	1970	1980	1990	2000	2003	2004	(万人)
第1次産業	30.2	17.4	10.4	7.2	5.0	4.6	4.5	286
第2次産業	28.0	35.1	34.8	33.6	30.4	28.3	27.5	1738
第3次産業	41.8	47.3	54.6	58.7	64.0	66.1	66.9	4236
計	100.0	100.0	100.0	100.0	100.0	100.0	100.0	6329

総務省統計局「労働力調査」による。計には分類不能の産業を含むため内訳の計は100%にならない。2003年からは第11回改訂分類により，2000年は組み替えデータであるため，それ以前のデータと厳密な時系列比較はできない。
出所：『日本国勢図会』第63版，2005／06，72頁。

発（R&D）および販売とサービス（S&S）に投下していると考えられる。

第3の際立った特徴は，過去40年間における指導的産業の変化である。1955年わが国における総売上高第一位は東洋紡（繊維）であった。10年後，1965年には最大の造船会社三菱重工がとって代わり，1975年には新日鉄（鉄鋼）がその座を奪った。そして1983年（1989年においても）にはトヨタ（自動車）が王座を獲得し，以後その地位を不動のものにしているが，情報と金融（証券）関連が上位に登場するに到った。情報産業のあらたな登場により，産業3部門の就業構造の分類では「経済のソフト化」現象の進展状況を正しく把握し難いと言うので，最近2.5次産業という表現が用いられることも多いが，ここでの趣旨は産業構造の時系列的変化を見ることにあるので，従来の分類を示した。いずれにしろ，この様な変遷は一部「産業のライフサイクル」を反映したものと思われるが，かゝる急激な産業構造の変化が日本における企業行動，ひいては人びとのモノの考え方にいかなる影響を及ぼしつつあるのかが問題である。それを明らかにするために，この様な傾向が日本の産業社会に及ぼす，技術的，組織的，人事的インパクトについて考えてみたい。

技術的には，従来の模倣型革新に代わって創造型革新が要求される。1960年代における日本の指導的産業は，造船，鉄鋼，石油精製に代表される装置型産業であった。1970年代になると自動車，電器製品あるいは工作機械といった組立型産業が中心となる。装置産業および組立産業は技術的には規模の利益およびシステム化に支えられた大量生産方式によって特徴づけられる。そこでの中核となる革新技術は，プロセス・イノベーション（過程革新）とその精緻化である。ところが，1980年代になると，消費者ニーズと生活様式の多様化の影響の下で，指導的産業は高度組立型産業となり，その中核技術は，プロダクト・イノベーション（製品革新）となる。生産工程そのものよりも研究開発と販売・サービスを重視するプロダクト・イノベーションは，多品種少量生産を旨としており，一見何もないところから創造されたかのごときタイプの革新（create something out of nothing）を必要とする。それは，たとえJ. S. シュンペーターの言う「新結合」すなわち，

既存技術の組み合わせによる革新という形態をとるばあいにおいても，将に「創造性」を追及するハンター社会のエッセンスであり，今日の日本において最も必要とされるビジネス・マインドとなった。

　組織レベルにおいてはどうか。

　組織は内部秩序の形成（組織効率と規模の利益の達成）という課題と同時に，対外適応，すなわち社会的ニーズの発見とそれに伴う目標の再設定という相反する課題を負っている。そして環境変化に晒されるに従って後者の重要性が高まることは言うまでもない。日本の企業は全国市場の成立とそれに伴う競争の激化をとおして環境適応能力の高度化の必要性に遭遇した。組織内部における「柔構造」の形成，すなわち当面する環境からの不確実性を吸収すべく委員会制度に始まり，プロジェクト・チームやタスク・フォースの設定，更にはマトリックス組織や分社制を採用するに到った。また合併・吸収（M&A）といった対外戦略の採用も多様化したニーズへの適応行動の延長とみなしうる。この様な環境適応のための様ざまな組織努力に加えて，近年種々の分野で登場しつつあるネットワーク組織づくりに注目したい。何故なら，そこには日本の経営環境の構造変化の芽が認められるからである。

　今井賢一によれば，戦前から戦後をとおしてわが国の企業間関係は財閥という形から企業集団へ，更に企業集団という形からネットワーク産業組織へと形態変化を遂げてきた。それに伴い，企業の有する情報の取り扱いが根本的に変わってきたと言うものである。曰く「財閥の場合には，外側にある世界の出来事の情報をつかむことであり，経済学の用語でいえば，情報はまさに外生的なものであった。『企業グループ』の場合には，情報の内部での伝達と処理が重要になっているという意味で内生的にはなっているが，これまで商社の情報活動に典型的にみられるように情報に基づく『さや取り』が主たるもので，情報自体を作り出すという面は乏しかった。『ネットワーク産業組織』においては情報が相互作用の中でつくり出される。情報を創造することが事業活動の駆動力となるのである。」[8]

　ネットワーク組織（あるいは繊維業界等において見られるようなパートナーシップ・チャンネルづくり）の段階においては，組織と組織の結合関係

は，理論的に言って垂直的統合（「強い連結」……企業が資本関係や役員派遣というような形である程度拘束し合う結びつき）ではなく，水平的結合（「弱い連結」……必要に応じて継続的な関係を持つが，しかし原則的にはいつでも連結を変えうる様な結びつき）となる[9]。結合関係の参加者は，高度の技術（ないしノウ・ハウ），専門性および契約の下での経済合理性（利潤）であって，人間関係や信用，ましては「家族的」結びつきではない。「組織的」志向の強い日本の産業社会において，「市場的」要素の強いネットワーク型産業が今後どの程度の展開をみるかについては，議論の余地がある。だが，グローバル化と言う名の国際競争の激化が年々強まりつつあるなかで，異業種交流の必要性，あるいは同一業種内での新技術開発のためのプラットフォームづくりが急務という認識も高まりつつある。共通の経済的目的の下で，互いにアイデンティティを確立したうえで新しい関係を形成するやり方は，ハンター社会の特徴である。それは契約社会の世界である。

　最後にヒトに関して。製造中心からサービスあるいは顧客志向型への産業構造の変化は，従業員の採用スタイル，昇進経路，さらには組合活動をも変様（暗い・ダサイ・古い"労組のイメチェン"ムード）せしめて来た。

　第一に，企業は環境変化に晒されれば晒されるほど実力主義的昇進スタイルを採用する傾向がある。例えば，花田光世はいわゆる年功制を採用していると思われる伝統的保守企業と（e.g. 生命保険会社）と革新的企業（e.g. 先進的自動車製造会社）の昇進経路（career tree）を20年から27年間にわたって追跡調査し，前者が整然とした年功制の下での選抜・昇進スタイル（丁度，如雨露 watering-can の水が五月雨的に降って落ちる様な形）を示したのに対し，後者ではいずれのポストにおいても「敗者復活型」の昇進経路が見られることを示した。つまり後者においては，第1昇格レベル（主任クラス）で選抜されたエリート達が必ずしも第2レベル（主査クラス）の査定で有利というわけではなく，逆に第1レベルで不幸にも同期生に先を越された人びとも次のレベルで肩を並べたり，追い越すケースが少なくないというものである[10]。無論，いずれのケースも競争は激しい。だが，この調査は絶えざる製品開発あるいはサービスの向上が求められる企業ほど年功型の

昇進・昇格スタイルを好まないということを示している。

　第二に，ソニーや三菱自動車工業といったリーディング・カンパニーが中途採用を始めたことが挙げられる。三菱自工の場合，1986年には50名の幹部候補生を中途採用しており，それは前年度の2倍以上の規模だという。

　第三に，「年俸契約社員制」なるものが登場した。この制度の下では，1年契約で能力に応じて一般社員より高い報酬が支払われる。まず採用したのは電子，バイオテクノロジーなどの先端技術や，自動車製造や不動産の分野においてであった。1989年にソニーがこの制度を採用している。続いて三菱自工，三井不動産，そして三井業際植物バイオ研究所が「年俸制」を採用した。うち，三井不動産の場合，89年は10人採用枠のところ1300人以上が殺到する人気ぶりだったと言う[11]。

　その他フレックス・タイム制といった新しいタイプの就業スタイルが登場している。例えば花王販売の「直行直帰制度」の下では，出社するのは週一度，あとは直接得意先に出向き，仕事が終われば真っすぐ帰宅すると言う。花王では'87年に2人でテストを始め，'89年には22販売会社の2400人の営業マンのうち，1500人がこの制度を享受していると言う[12]。同様の制度はジョンソン・エンド・ジョンソンそしてカルピスフィールド・マーケティング企画において見られる。この様な事例は当時は例外的現象と見られていたが，「契約労働制」など雇用スタイルの多様化という流れの中で，今日では多くの企業が採用するに到り，別に珍しいことではなくなった。これまた，「成果主義」の広がりと定着度の予測に似て，どの程度の構造変化をもたらすのか疑問視する向きもないわけではないが，広く就業構造の多様化という点では将来の方向性を示唆する貴重な現象といえる。すなわち除々にではあるが，確実に，生活空間を共にするファーマー型社会からジョブを中心とするハンター型社会へと移行する兆候とみなしうるのである。

　また，この様な制度上の新しい試みに加えて，注目すべき現象は，当時すでに次世紀を担うべき中堅サラリーマンに広がる「転職願望」の増大が見られている点である。日系アントロポスによれば上場企業62社の協力を得て，入社10年目前後を中心としたエリート社員93人にアンケート調査したとこ

ろ「大企業に勤める30代の出世コースを走るエリート社員でも約5人に1人は転職したいと考えている」と言う。現在のポストに67.9％が「満足している」ものの「出世したい」は86％と上昇志向は強い。だが，どこまで出世できるか，との問いには「部長」が52.3％，「役員」が20.2％，そして「社長」と答えたのは僅か1％しかおらず，それが「転職したい」(19.2％)につながっていると評価されている[13]。出世はしたいが社長にはなれないという状況の下で，転職しても不利益にはならないという新しい職場での条件さえ整えば，直ちに彼らの願望が，現実のものとなると考えるのは早計だろうか。このことは，終身雇用，年功型賃金制度を精神的に支えてきたと思われる「わが社意識」の希釈化を意味する。男子正規従業員を中核とする日本型経営＝ジェンダー型企業社会は'90年代始め頃にはすでに崩壊の兆しを示したと言えよう。

5．おわりに

以上，ハンター・ファーマー・モデルを呈示したうえで産業構造の変化が日本の企業行動に及ぼす技術的，組織的，人事的インパクトの幾つかを見てきたが，これらが謂わば社会変容の「内生要因」（ジェンダー型企業社会の終焉へ向けた内的要因）だとすれば，わが国は，1989年から1990年にかけて様ざまな形で外圧に直面している。元来わが国が外圧をむしろ内的擬集力（エネルギー）へと転換せしめ，国民的課題の克服へと向う能力と装置を有するということは過去に証明済みである。だが当時（'90年前後）の圧力は，オイル・ショック・タイプのものとは異り，わが国の将来を方向づけるという意味で極めて重要であったと思われる。

1989年9月，ハワイで開かれた日米貿易委員会において米側が，包括通商法スーパー301条の対日適用品目であるスーパー・コンピュータ，通信衛星，木材製品について，それぞれの市場アクセス（参入）改善を要求し，それに対して日本政府は反論したと報ぜられた。かゝる要求はこれまでの繊維，鉄鋼，自動車，カラーTV，半導体をめぐる摩擦とは根本的に異り，市

場の全面開放と同時に，わが国の商習慣の再編も迫る程，厳しく且つ包括的内容を含む。その中には不公正取引防止，独禁法の徹底，知的所有権問題，更には株の持ち合い解消といった問題が含まれる。要するに，米国は自ら他国に対して開放してきたのと同じやり方（そう信じている）で日本に開放をせまり，以って日米同一市場の下で，同一の経済原理が通用する土壌づくりを迫っているのである。

同様の摩擦は2005年から2006年にかけて米国産牛肉の輸入問題をめぐって繰り返されている。一時輸入再開を果たした米産牛肉にBSE（牛海綿状脳症）感染の恐れのある脊柱付きの牛肉が発見され，再停止。再開を強くせまる米国側に対して，小泉首相は「それはなかなか難しい。米国の安全感覚と，日本の安全・安心とは離れがある」と述べ，否定的な考えを示した[14]。

無視し得ない他の外圧のひとつは，「女性の地位向上」をめぐる一連の動きである。女性労働問題については，第5章にて詳述するつもりであるが，1999年は改正・男女雇用機会均等法の施行はじめ，女性労働行政に関連する法律が一斉に制定・施行された画期的な年であった。直接の引き金は先立つ1995年に中国で開催された国連女性の世界会議（第4回）における「行動綱領」ならびに「北京宣言」の採択である。この北京会議は「国連環境開発会議」，「世界人権会議」，「国際人口開発会議」「国連社会開発サミット」など90年代前半の世界会議を集大成したものとして評価されている。日本ではそれを受けた形で，'97年には「男女雇用機会均等法」が改正され，'99年に施行。同年に「パートタイム労働法」の改正，「男女共同参画社会基本法」の制定，「改正育児・介護休業法」の施行，「改正労働基準法」の施行等がおこなわれた。このような一連の動きが内圧（ないし自発）によるものか，それとも「外圧」かについては議論の余地があろう。しかし，従来型企業経営の担い手にとっては，打ち寄せる外圧と意識せざるを得ない事態が生じたことは否定できない。

この様な東西間の経済摩擦は，著者には，ハンターとファーマー間の対決と思えてならない。自我認識のプロセスが違い，自らの行動を律するための基準（外在的と内在的）が異り，成長することの意味を異にしてきた国と国

の対話であり，交渉である。これに対してわが国はいかなる準備と理解，そして将来に向けての理念をもって望まんとしているのか。今日のハンター社会が純粋にハンター社会であり続けることは不可能である。同様に，ファーマー社会がなんらの変容なくして国際場裡で活動の場を広げることは考えられない。そこには異文化接触，受容，適応，そして統合のプロセスが繰り広げられよう。異文化統合の状態とは，異質なるものを自らの世界（観）の中に正しく位置づけることによってもたらされると思われるが，さし当り，ハンター，ファーマーいずれの勢力が強いかということが問題となる。そして今日の世界情勢を見る限り，ハンターの有する言語，習慣，ものの見方，考え方こそが普遍的であり，多くの国ぐにに対してより通用力を有することを認めざるを得ない。ファーマーのそれは，歴史的，地理的，文化的背景において特殊である。それは共通語に対する地方語（方言）の関係に似ている。歴史や風土に深く根ざした言葉は世界語になりにくい。従って日本が今後も引き続き国際場裡で世界に伍していくためには，好む好まざるにかかわらず，「一定範囲内」で変わらざるを得ない。

　国際的経済交流をとおして日本の社会，したがって日本的経済のやり方は，徐々にハンター社会のそれへと近づかざるを得ない。そして，そうすることによって初めて成熟社会へと向うことができよう。つまり，目下外国が日本化するペースよりも，日本が外国となるペースの方が早いと考える訳だが，再び豪日関係を中心とするアジアにおける異文化共通経済圏の成立可能性についていえば，その可能性如何は，いわゆる日本型経営の移転可能性如何にあるのではなく，日本型経営スタイルが如何にスムーズにハンター型のそれに近づくかという一点にかかっていると思われる。かつて1853年，M. C. ペリー総督が黒船に乗って浦賀を訪れ，わが国の解放を迫った時と同様，今日わが国は名実共に完全な市場開放が期待されている。当時の日本との違いは，今日ではこれから当面向かおうとしている「市場主義的資本主義」社会の功罪が従来にも増してよく認識されたうえでの「針路の選択」だという点にある。

注

1) 大前研一『トライアド・パワー』講談社文庫，1989 年，12 頁。
2) Gregory Clark, "Understanding Today's tribal", *The Australian,* 1989. 9. 14 付。
3) 荒木博之『日本語から日本人を考える』朝日新聞社，1980 年，65 頁。
4) James C. Abegglen & George Stalker Jr., *KAISHA,* Basic Books, N.Y., 1985, chap.6, table6-4.（植山周一郎『カイシャ』講談社，1986 年，174 頁。）
5) P. F. Drucker, "What we can learn from Japanese management" *Harvard Business Review,* March-April, 1971, p.27.
6) Richard T. Pascale & Anthony G. Athos, *The Art of Japanese Management,* Warner Books, N.Y., 1981 年，pp.190-191.（深田祐介訳『ジャパニーズ・マネジメント』講談社，1981 年，164 頁。）
7) 財)矢野恒太記念館編集・発行『日本国勢図会　第 63 版』2005／06，72 頁。
8) 今井賢一「ネットワーク組織：展望」『組織科学』，Vol.20 No.3，1986 年，10 頁。
9) 今井賢一『情報ネットワーク社会』岩波新書，1985 年，60-61 頁。
10) 花田光世「人事制度における競争原理の実態――昇進・昇格のシステムからみた日本企業の人事戦略―」『組織科学』Vol.21 No.2，1987 年，60-61 頁。
11) 『日本経済新聞』1989 年 10 月 26 日付。
12) 『朝日新聞』1989 年 10 月 13 日付。
13) 『日本経済新聞』1990 年 2 月 15 日付。
14) 『読売新聞』2006 年 2 月 21 日付。

第3章
日本型経営の批判と擁護

1．はじめに

　いまや'国際化'は，現代社会を特徴づけるキーワードの1つとなった。したがって，日本型経営の特質について語るばあい，その理論的解明もさることながら，むしろ，それ以上に国際化時代と言われるなかで'いかに変化しつつあるか'あるいは'いかなる方向に変化すべきか'というきわめて実践的課題に今日的関心があると思われる。

　つまり，その制度的特徴を列挙するだけでは不十分で，論者の時代認識ないし歴史的方向感覚に大いに左右されることとなり，その結果，さまざまな議論を生むこととなった。前章では産業構造の変化を中心にして，日本型経営の方向性としてはどちらかと言えば，「市場型」への移行が強調された。しかし第1章にて明らかにされたように，人間の本性に照らして長期的には「組織主義的」資本主義の枠内での改革が望ましい。したがって，日本型経営の行方に関しては，「何を残し，どこを変えるか」と言う問題に触れずして論ずることはできない。本章では，まず，日本型経営の分析レベルの整理を試みる。そのうえで，日本型経営の是非をめぐる最近の議論を組織論の立場から整理し，若干検討を加える。最後に，21世紀の企業経営のあり方と言う視点から旧西ドイツ型経営参加と日本型経営参加方式の違いを取りあげたい。

2. 3つの分析レベル

1) 企業行動

　国際化時代における企業行動の是非をめぐる議論（たとえば，わが国の企業は国際場裡においてフェアーな競争をしているのか？　あるいは，そもそもその必要性があるのか？　等）の背後には，今日，わが国における'国際化'（internationalization）という用語が二義性をもって用いられる事情がある[1]。

　すなわち，その1つは「自動詞としての国際化（being international）」であり，脱亜入欧をモットーに後発型の資本主義として出発した日本が，いわゆる西洋社会の仲間入りをするという意味で，国際化＝欧米化ないし「日本の外国化（westernization of Japan）」を意味する。他のひとつは「他動詞としての国際化（internationalize）」であり，国際化＝日本化ないし「外国の日本化（Japanization）」を意味する。

　国際化をめぐる2つの意味は，そのまま日本型経営をめぐる2つの考え方に結びつく。つまり，自動詞としての日本型経営の国際化（論）は，日本企業の前近代性，封建制あるいは国際場裡における特殊性を前提としており，その意味で日本的経営批判論を導く。

　他方，他動詞としての日本的経営の国際化（論）は，日本企業の技術的優秀性，経済合理性，そして普遍性を説くこととなり，その意味で日本的経営礼賛論に結びつく。日本的経営をめぐる議論の難しさは，この2つの概念とそれに伴う思想が国内外において対立し，時には相互に作用しつつ，歴史的展開のベクトル（方向量）を規定している点にある。

2) 経済構造

　第2のレベルは，経済構造そのもの，すなわち"日本型"資本主義の評価にかかわる問題である。冷戦構造の終焉とともに，経済活動がまさに地球的規模で拡大されつつある今日，これまで一枚岩のごとく観念されていた資本

主義体制内部における種々の軋轢が顕在化した。たとえば日米包括経済協議に見られたように、わが国の排他的取引慣行といった経済構造そのものに対する非難が浴びせられるに到り、同じ資本主義体制と呼ばれる国家間においても、制度、習慣、さらには企業行動を規定としていると思われる価値観やものの考え方が異なる、少なくとも日米間では、大いに異なるという認識を高めた[2]。

体制内部のこのような違いは、終身雇用や年功制といった制度的特徴の理解から、さらにこのような諸制度を可能にしていると思われる組織構造と市場の関係（労働市場、株式の持ち合い、系列間取引など）、一般論としての集団的意思決定あるいは組織成果と分配の関係といった、いわば経済社会を構成する基本単位としての企業そのもののあり方の問題を提起するにいたった。その結果、日本型企業社会像を浮彫りにすべく「企業主義」（松本厚治）、「法人資本主義」（奥村　宏）、「人本主義」（伊丹敬之）、「カンパニー資本主義」（根本　孝）といった"日本型"資本主義が主張されることとなる[3]。日本型資本主義社会の解明、それは同時に、日本型経営の普遍性（正当性）と特殊性を明らかにする作業となる。

3） 文化・価値

第3のレベルは、日本人の行動様式そのものに関する問題である。たとえば西洋の「個人主義」に対するわが国の「集団主義」的行動様式を対置する方法を排し、「方法論的間人（かんじん）主義」モデルを提唱する濱口恵俊はつぎのごとく述べる。

「日本の文化・文明・社会・国民性などを分析する場合、これまでともすれば『集団主義』『恥』『タテ社会』『集団我』『甘え』といったキーワードによって包括的にとらえられることが多かった。そこでの分析では……、(1)個人という主体的行為者が自己の合理的選好に基づいて行動し、社会なる上位システムを契約的に編成するものとする方法的個人主義を自明のものとして受容し、(2)そこから演繹される『個人』対『社会』という二分法論理のもとで、(3)一般に日本人が行動面で自律性の高い個人的存在（『個人』）で

はないという理由でもって、その対極にある『社会』のほうを重視して組織行動に邁進する集団主義者だと推論したからである…略…しかし日本の現実を内在的立場から把握するには、このような欧米起源のパラダイムで自足するわけにはいかない」[4]つまり、アンチ個人主義を意味する「集団主義」なる概念は、近代主義的視点から日本を後進的だとして批判的に眺めるこれまでの議論には好都合なものであったが、すでにある意味では超近代的文明を築きつつある日本の現実をあるがままに説明するには不適切だとする。

「方法論的間人主義」の内容およびその検討については後述することとして、ここでは日本的経営の是非をめぐる議論の基底において、日本人の行動特性をいかに把握するかということ、そして、それは変わりうるものなのか、否、そもそも変える必要があるのかといったクリィティカルな主張が存在することを指摘しておきたい。

3．日本型経営への批判―ウェスタナイゼーション―

1）「盛田論文」の提起した問題

基調としての国際化＝西洋化論に依拠して、日本型経営批判論が成立する。元ソニー会長盛田昭夫は「『日本型経営』が危い～『良いものを安く』が欧米に批判されるわけ」と題して、わが国における企業経営そのものの変革の必要を説いている[5]。

盛田は経団連訪欧ミッション（1991年11月）の一員としてヨーロッパ各地を訪問して、各国首脳や財界人と議論していて「あなたたちは我々と競争のルールが違うのだ」と指摘され、大変ショックを受けたと言う。国際市場におけるルール違反とは何か。それは、日本製品の集中豪雨的輸出およびそれを可能にしていると思われる価格設定方式の違いである。通常、製品の価格は、材料費、人件費、研究開発費、広告費などの生産・販売にかかるコストの積み上げと、需給関係をにらみながら決定されたマージンとの和で構成される。

したがって、品質の高い製品をつくるためには、進んだ技術、良い原材

料，良い設備と質の高い労働力が必要となり，生産コストは必然的に高くなる。ヨーロッパも価格設定はそうなっている。ところが日本は違う。日本市場では企業間競争が激烈である。そこで勝ち抜くには，価格競争に耐えうるところで，まず価格が設定されねばならない。その価格に見合う材料を大量に仕入れ，一方で「下請け叩き」等により合理的経営を追求しつつ，シェアー獲得に走る。通常累積生産量が2倍になると単位あたりの生産コストは20%から30%ダウンすると言われている。そこで，時として利益を犠牲にしてでも，いずれコストダウンにつながるであろうシェアー拡大が優先されるということになる。しかし問題はコスト削減努力の内容にある。日本の企業は，労働者に支払うべき労働分配率，株主への配当率，そして地域社会への貢献度を示す寄付の比率が非常に低い。それらを犠牲にしつつ，安い価格が設定されているというわけである。

数字で示すと，1989年の年間総労働時間は，日本が2159時間に対して，アメリカは1957時間，旧西ドイツ1638時間，フランス1646時間と大きな格差がある。労働分配率では，1980年から84年の5年間の平均で日本の77.8%に対して，アメリカ80.3%，旧西ドイツ88.3%，フランスは89.2%といずれも高い。株主配当率については日本が30%に対して，アメリカ54%，イギリス66%，旧西ドイツ50%となっている。また企業の寄付額は，対税引き前利益率比で日本が0.33%であるのに対して，アメリカは1.5%と大きな開きがある。

そこで盛田は「豊かな日本を創るために何をしたらよいか」について「6つの問題提起」をしている[6]。

(1) 生活に豊かさとゆとりが得られるように，十分な休暇をとり，労働時間を短縮できるよう配慮すべきではないか？
(2) 現在の給与は，企業の運営を担うすべての人達が真の豊かさを実感できるレベルにあるのか。貢献している人々がその働きに応じて十分に報われるシステムになっているか？
(3) 欧米並みにまで株主への配当性向を高めるべきではないか？
(4) 資材・部品の購入価格，納期の面で，取引先に不満をもたせているよ

うなことはないか？
(5) 企業および個々人が社会やコミュニティーの一員であることを認識し，積極的な社会貢献に勤めるべきではないか？
(6) 環境保護および省資源対策に十分配慮しているか？

要するに日本の企業は，ヨーロッパ並に労働者，株主，下請け等取引先，地域住民の利害を配慮し，さらに環境保護や資源・エネルギーといった人類共通の財産保全に努めることによって，多少のコストアップは覚悟すべきであり，国際化時代に相応しい諸条件を満たしたうえで，経済ゲームに参加すべきだという主張である。

2）現在の参加者と将来の参加者

この論文が春闘の直前に発表されたということもあって，同じ文藝春秋の4月号で反対論からやや賛成論まで5名の意見が掲載された。

積極的反論は，三菱商事常務で元通産省審議官でもある黒田　眞からなされた。「日本異質論に与（くみ）する危険」と題して，「ルールが違うといわれ，はい改めますでは困る。むしろ違わないことを反論すべきだ。日本経済の成功理由は，オイルショック後の省資源化と，円高に対する死に物狂いの経営合理化の結果である。日本人が努力したからこそなのだ」と言う。

日経連副会長河毛二郎は「労働時間に関しては今改善中で，給与については円高後のレートで計算してみると決して低くない，世界の最高水準に来ている。株主配当率は確かに低いが，しかし日本は長期的に株主や労働者のことを考えている。日本には日本のやり方がある」と消極的に反論している。

消極的賛成論と言えるのは，本田技研の杉浦英男と元大蔵財務官の行天豊雄で，杉浦は「確かに勝ち過ぎは危い，日米欧のリーダーが集まって話し合い，妥協すべきであろう」と言うし，行天は「成熟を選ぶか孤立を取るか」と題して「やはり，あらためて環境問題，人権問題に耐えうるような利益の概念を作るべきであろう」と主張する。

そして，やや賛成論のアサヒビール樋口廣太郎は「労働時間は確かに短縮

するべきだ」と賛意を表明しているが，財界の反応は総じて盛田の問題提起的意義は認めつつも，「ただちに欧米に合わせるよう努力せよ」と言われても困る。むしろ，そうすることによって日本経済を支えてきたと思われる日本企業の経営体質そのものが弱体化するものではないか，と懸念している。

盛田の問題提起およびそれに対する財界の反応は，経営学的にはつぎの二つのことを意味する。

ひとつは盛田の言う様ざまな利害関係者（株主，従業員，顧客，取引先，地域住民など）の犠牲は，いわゆる所有と経営の分離現象の高度化の結果もたらされたものであるということである。所有（者）すなわち株主と経営（者）とが形式的にのみ分離している限りにおいては，経営者は代理人でしかない。ところが，経営規模の拡大および専門的知識と管理技術の高度化に伴い，両者が実質的に分離するに到ると，株主は法的にはともかく，企業経営（組織）をめぐるさまざまな利害関係者のひとりでしかなくなる。そこでの経営者は，いまや組織の自己増殖機能の担い手に他ならず，その限りでの従業員への配分，株主への配当，そして地域への貢献ということになる。盛田論文は，企業をめぐる利害関係者の個人的利益より組織利益が優先される事情を示した。

他のひとつは，河毛が「日本は長期的に株主や労働者のことを考えている」，そこに「日本的」なやり方があると反論し，また行天が「ルールを一致せしめるべくただちに努力することは日本企業の経営体質を弱体化させかねない」と懸念を表明している点にかかわる。このことは，結局，組織成果を経営者を含めて株主，従業員等「現在の参加者」（欧米のばあい）に分配すべきか，それとも「将来の参加者」（日本のばあい）に分配すべきかという問題になる。欧米のごとく分配率を上げれば，株主の個人的投資（再投資）の機会は増大するが，企業にとっては将来の業績悪化に伴う不測の事態への備えを失うことになる。また高賃金は，労働者の購買力増加という意味で，参加者の現在の効用を満たすことになるが，長期的には商品価格の上昇をもたらすことになろう。他方，分配率を抑え，将来に備えて「内部留保」率を上げれば，企業は留保分＝未分配を研究開発や再投資に回すことが出

来，その結果新たな価値が生み出されるとすれば，将来の参加者の効用は増大する。その場合，現在の参加者にとっては，「組織栄えて，わが身は栄えず」という不満が残ることになる。つまり，日本の経営体質の強さは，現在の参加者に対して，現在の効用を犠牲にしつつも，かろうじて「将来の分配への淡い期待感」を抱かせしめてきた点にある。

　所有と経営の分離の結果，企業＝組織自体が支配者となり，株主や労働組合や消費者といった組織活動への参加者（＝貢献者）達の拮抗力としての機能を著しく欠くに至った日本の企業は，高度成長期においては，着実にパイの増大が約束されていたという意味でそれなりに機能し得た。だが，将来の備えであった筈の内部留保＝未分配分がバブルと消え，そのツケを雇用調整という形で支払わされてきた労働者が，依然として「淡い期待感」をもち続けるとは思えない。日本型企業経営の在り方そのものが問われるゆえんである。

4．日本型経営の擁護―ジャパナイゼーション―

1）「日本型」資本主義論

　盛田論文をめぐる論議は，「企業行動」レベルでの日本的やり方に対するいわば実際界での内部批判および反論であった。

　それに対して，研究者の間では1970年OECD調査によるいわゆる「3種の神器」（終身雇用制・年功制・企業別組合）の指摘以来，種々の制度的特徴（稟議制，QCサークル活動，OJT，柔軟な生産システムやボーナス制度など）が肯定的に取り上げられ，1980年代になると，海外からの注目[7]に後押しされる形で，やがて「体制ないし経済構造そのもの」のレベルで日本の特殊性もしくは普遍性が議論されるにいたる。

　たとえば西山忠範'80，三戸　公'82，奥村　宏'84，あるいは宮崎義一'85は，各々資本主義の発展段階ないし逸脱の程度に関する意見の相違は認められるものの，「機関」や「会社」や「法人」と呼ばれる「経営組織体」なるものの「支配者」としての自律化傾向，それがわが国において全面的に展開し

ているという現状認識では概ね一致している。[8]

その後,国際比較論の隆盛を背景に,わが国の企業行動特性を戦略的環境適応概念の下で日米比較を試みた優れた著作『日米企業の経営比較』('83 加護野ほか)を皮切りに経営学者の間においても次第に「日本的経営」擁護論が登場してくる[9]。ここでは「擁護論」の代表的論者のひとりと目される加護野忠男の「長期コミット主義」論をとりあげたい。

加護野は企業統治の基本原則を「市場」と「コミットメント」に分け,アングロサクソン=市場型企業統治に対してわが国では日本型=長期的コミット型企業統治の方式がとられているとし,前者では事業成果に不満があれば投資家たちは「退出」するだろうし,その結果が株価に反映する,という形での株主からの統治ないし牽制が効くのに対して,後者では確かに投資家たちは「金融視点」から,短期的経済合理性を追求するであろうが,日本の企業では長期的視点にたって事業成果にコミットする者こそ尊重される。すなわち「日本では,企業統治の主権者となることができるかどうかは,株主であるか従業員であるかによって決められるのではない。長期的なコミットメントをもっているかどうかが,主権者としての正当性の源泉なのである。従業員でも,長期的なコミットメントをもたない集団は,主権者集団とは認められてこなかった。コミットメントの重視,企業組織における昇進に関してもみられる。株主も同様である。長期的なコミットメントをもつ株主の意向は尊重され,それを持たない株主の意向は軽視される。日本の統治制度は,短期的なコミットメントしかもたない株主の影響力が支配的にならないようにする制度であったかもしれない[10]」と述べ,経営者も株主も無責任になりがちな「株式会社制度の限界」を克服するひとつの合理的な方法だと主張している。

無論,長期的コミット主義には問題点もあり,改革の余地もある。日本の企業統治に内在する問題としては,

① 他の利害集団(銀行,労働組合,政府,世間等)の利益を損なう傾向。
② 「長期視点」を理由に,かえって短期的な非効率を正当化してしまう。
③ 馴れ合いの危険。つまり,内側(長期コミット集団)の意見を優先し,

外からの意見を無視ないし軽視しがちだということ。

このような背景の下，バブル崩壊後に「株主代表訴訟」と「取締役会」の簡素化，あるいは「監査役会」の強化等，株主重視へ向けた商法改正も施行されているところであるが，おりから「長期コミット主義」の基盤とも言える株式「相互持合い」の維持も困難になっており，代わって個人や外国人の株式取得率も上昇している。そこで，「問題は外国人に長期コミットが期待できるか」という点にある。加護野は「よりよい企業統治を支える企業統治改革」案として次の4点をあげている。すなわち，

① 株主総会において，株式の「長期」所有者にヨリ大きな議決権を与える。
② そして議決権行使者の株式売却を一定期間制限する。
③ 一般株主の比率を上昇せしめる。（個人株主の育成）
④ 相互持合い（銀行等）から「従業員持株比率」の上昇へ。

最初の2点については技術的問題があろうし，③についても，それこそ「市場原理」にゆだねざるを得まい。だが，④点については，確かにアメリカでは「上場企業，店頭登録企業のうち，従業員が15％以上の株式を保有している企業は4分の1を超えている」と言われており，わが国では1.3％弱であることを思えば一考に値する提案ではある。ただし，外国人株はここ数年急上昇しており，更なる上昇が見込まれていることから，著者はなんらかの形での「相互持合い」が再燃するのではないかと予想する。

いずれにしろ，「日本型資本主義」の「日本型」といわれる所以はこれまで「長期コミット型」であったことは間違いない。将に企業統治の面においても「組織主義的」資本主義と呼ぶにふさわしい。しかしながら日本型経営の本質的部分が，長期的コミットにあるとすれば，やはりここにおいても日本型企業社会は長期コミットが男性に比べて著しく困難な女性のコミット（企業統治への参画）を排除する構造を有してきたと指弾せざるを得ない。「ジェンダー型企業社会」と称するゆえんである。

2）「方法論的問人主義」モデル

日本人の行動様式の特性については，上述のごとく，これまで「恥の文

化」(R. ベネディクト),「タテ社会」(中根千枝),「集団我」(南 博),「甘え」(土居健郎)といった概念用具を用いて,いわゆる個人主義社会として特徴づけられる欧米のそれと比較して論じられてきた。それらは論者の意図はともかく,日本社会の後進性,前近代性もしくは特殊性を証明する論拠として利用されてきた感がある。

それに対して,近年文化相対主義の立場に立って,ヨーロッパ近代合理主義の展開により確立されたと思われる方法論的個人主義モデルを相対化し,新たな人間モデルを提示することにより,日本人の行動特性を明らかにするとともに,「国際的に適用可能な普遍性をもつ」分析枠組（パラダイム）を提示せんとする試みが登場した。その代表者とおもわれる濱口恵俊は次のごとく述べる[11]。

「『固体』と『関係体』とを〈にんげん〉モデルに当てはめれば,それぞれ『個人（the individual)」と『間人（the contextual)』として析出されてこよう…略…それぞれ独立した行動主体としての『個人』は,社会的原子とでも言うべき存在である。各個体間の相互作用（対人関係）は,各自の生活空間の外側に位置し,戦略的に操作可能な客体の1つにすぎないと考えられている。これに対し,『間人』は,いわば社会的分子であり,各個体は,分子間結合と同じように,両者の相互関係を共属する生活空間として自システム内に保有する。」つまり,「間人」とは,対人的な意味関連の中で,その関連性そのものを自分を構成する必須的な部分だと意識するような〈にんげん〉存在を指しており,このような「間人」に依拠する新しいパラダイムを,「個人」のばあいにおける「方法論的個人主義」との対比で,「方法論的間人主義」とよぶ（図6）。

確かに「間人主義モデル」は,稟議制と根回し,TQCや自発的提案制度といった日本型システムの解明に有用だと思われる。また既述のごとく「伝統的に,日本人は自分の世界をカテゴリー別（友,親戚,部下,）に見ず,（最深奥部の）内なるものから,外周へとひろがる,相互関係の同心円的な環の組み合わせと見ている」と言うパスカル（R. T. Pascale)＝エーソス（A. G. Athos）の日本人の自我認識のプロセスに関する指摘[12]にも通じる

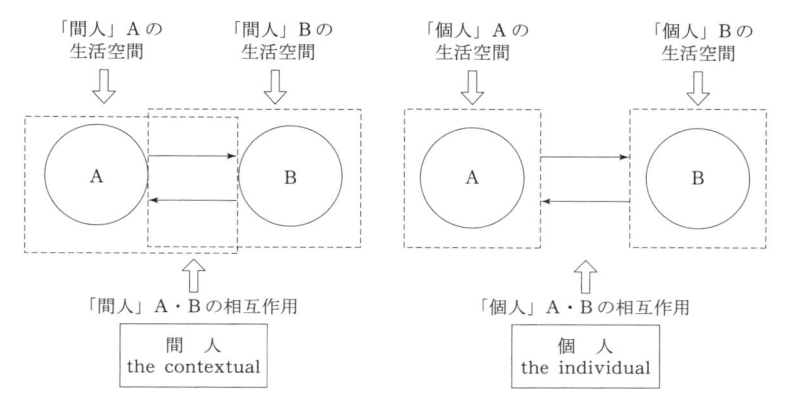

4．日本型経営の擁護―ジャパナイゼーション―　71

図6　人間モデル：「間人」と「個人」

```
「間人」Aの         「間人」Bの              「個人」Aの         「個人」Bの
生活空間            生活空間                生活空間            生活空間
  ↓                ↓                      ↓                ↓
 ┌─────┬─────┐                    ┌─────┐    ┌─────┐
 │  A  │  B  │                    │  A  │ →← │  B  │
 └─────┴─────┘                    └─────┘    └─────┘
       ↑                                    ↑
「間人」A・B の相互作用                「個人」A・B の相互作用
   ┌──────────┐                       ┌──────────┐
   │  間　人   │                       │  個　人   │
   │the contextual│                    │the individual│
   └──────────┘                       └──────────┘
```

出所：濱口恵俊編著『日本型モデルとは何か』新曜社，1993年24頁。

ものがある。しかし，それが特殊日本人の行動特性の説明原理としてのみ用いられる限りにおいては，これまた濱口の言う「国際的に適応可能な普遍性」をもつ人間モデルたりうるかという疑問が残る。

　図6において生活空間を共有しない個人Aと個人Bの相互作用の場面は，典型的には「市場取引」の場面であろう。とくに互いに「手段視」される世界である。それに対して，多少とも生活空間を共有する「間人」同士の相互作用の場面では，多少とも「同じ世界に住む者同士の相互作用」の世界という意味で「ソシキ」すなわち「協働」の世界である。その意味で著者は，間人主義モデルを「組織モデル」ないし「組織内人間行動モデル」，そして個人主義モデルを「市場モデル」ないし「市場における人間行動モデル」と理解したい。間人主義モデルの中核概念である「関係体」は，その対極としての「固体」よりも一般的形態だと濱口は言うが，社会的営みのあるところ，厳密な意味で生活空間を共有しない相互作用の場面はないという意味で「純粋の」市場取引が考えられないのと同様，「個」が関係体の中に完全に埋没しきった状況，すなわち個と組織の完全同一の状態も非現実的である。要するに「組織」と言い「市場」と言うも，人間結合の度合が，限りなく"強い"状態が想定されているか（協働体系），それとも，限りなく"弱い"状態が

想定されているか（交換体系）の違いでしかない。

 だとすれば，西洋人の行動特性に適合的な個人主義モデルに対して，日本人に適合的な間人主義モデルを対置するという必要はなく，より高次の普遍モデルとして，市場モデルと組織モデルを措定すれば十分だと考えられる。かくして日本人の行動特性は，市場原理と組織原理の組み合わせないし種々の場面（家族・会社・地域・国家など）における原理貫徹の程度（組織化の度合）によって説明されよう。「欧米型の政治・経済体制のみが全人類にとっての普遍（共通項）だと想定し，日本を規格外化する[13]」のは確かに誤りだが，間人主義モデルにより「文明」としての日本型システムを過度に強調する試みは，経営実践の場においては，論者の意図は別にして，グローバリゼーションの一側面，すなわち外国の日本化（Japanization）を促進しようとする際の理論的根拠を与えることとなろう。

5．日本型参加の可能性

1）組織効率と「信頼取引」

 資本主義体制下における欧米型産業社会は，協働の精神を強調する組織の論理よりも，交換の精神を前提とする市場の原理が優勢な社会であり，日本型産業社会は，その逆である。このことは，わが国における組織内意思決定プロセスおよびその延長としての市場取引における企業行動を特徴づける。トヨタのカンバン方式に代表される日本企業の生産点における効率の良さは，内外に定評があるが，日本企業の「意思決定効率の高さ」を強調するのは，ドラッカー（P. F. Drucker）に依拠した佐々木尚人である。ドラッカーは，論文「日本の経営からわれわれは何を学ぶか」において，欧米の"速い決定と遅い実行"に対して"合意"形成を特徴とする日本の"遅い決定と速い実行"を比較し，日本の優位性を強調している[14]。図7は佐々木がドラッカーに依拠して，意思決定プロセスの日欧比較を試みたものである。

 欧米人の意思決定 dw は，確かに日本人の意思決定 dj より短い時間でなされるが，それを履行（implementation）する段階になると，そのプロセ

図7　意思決定効率

Productivity of a Decision

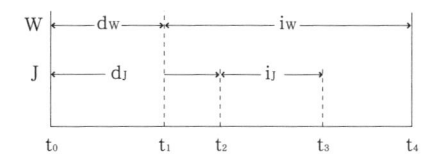

```
W ├──── dw ────┼──────── iw ────────┤
J ├────── dJ ──────┼──── iJ ────┤
  t0          t1   t2        t3     t4
```

Productivity (dw) < Productivity (dJ)

出所：佐々木尚人『日本経営学会第65回全国大会予稿集』1991年，79頁。

スに従事する人間との間で事前に合意が形成されていなかったので，コンフリクトが生じ，結局意思決定に始まってそれを遂行するまでの全時間は，日本企業にとっての方が短い[15]。ドラッカーによれば，合意形成に要する時間は，提案事項の賛同者と反対者，すなわち"敵方と味方"の立場が消滅する（＝合意達成）までの時間であり，通常，時間がかかる。だが，その分決定事項の遂行局面においては，既に合意が成立しているので，極めてスムーズに展開するということになる。

では，一体日本の組織における合意形成プロセスでは何が起っているのか。わが国における労使関係が欧米のそれとは異なり，相補的関係として成立していると主張する奥田健二によれば「相補的関係においては，お互いが異質な存在でありながら，しかも相手の性格を分かち持っていることがわかる。すなわち陰陽という相補的関係についてみると，陽という部分の中には陰の要素が含まれており，陰の部分には陽の要素が含まれているのである。これを労使関係におきかえてみると，労と使の二つの部分は，相対立する異質の原理に立っているが，しかしお互いに性を分かち合う点もまたあるという存在である。[16]（図8）」。

こうして，労使協議制というメカニズムを活用して，労働組合が経営側の問題に積極的な提言をするという，"二分法的発想に立つ欧米の労使関係では見られないわが国特有の"行動様式が説明される。労使関係においてすら相補的関係が認められるのであれば，組織内意思決定プロセスにおける合意

74　第3章　日本型経営の批判と擁護

図8　二分法的関係と相補的関係の対比

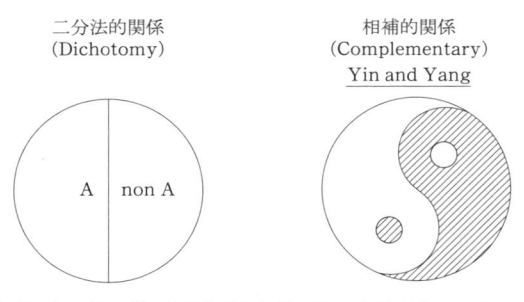

二分法的関係
(Dichotomy)

相補的関係
(Complementary)
Yin and Yang

出所：奥田健二『日本労務学会年報，第23回大会』1994年，84頁。

形成のメカニズムは，まさに"敵方と味方"が，相互に補完・浸透・共存し合うプロセスということになろう[17]。

　相補的依存情況がわが国においては，市場取引の分野にまで及ぶところにその特徴がある。完全競争の下では，物やサービスの流れは価格のもつ自動調整機能により方向づけられる。他方，理想的計画経済の下での財やサービスの生産および分配は，計画者により組織的に決定されよう。計画（組織）か価格（市場）によって物の流れが調整されるわけだが，現実には両者の中間とでも呼ぶべき領域で取引がなされる。しかも，わが国においてはこの領域が広い。

　土屋守章はこの領域を「準市場（長期的取引）」と「準組織（大企業－専属下請間取引）」と呼んで純粋市場および「純粋な」組織と区別しており[18]，伊丹敬之は，近代経済学の教科書にいう自由市場に対比して「組織的市場」と呼ぶ[19]。いずれも日本の市場における組織的情況とその経済合理性を主張するものだが，清水龍瑩はさらに進んで日本型経営を擁護すべき重要な論拠として"信頼取引"論を展開している。

　清水によれば，経済取引には，現金取引（cash transaction），信用取引（credit transaction），信頼取引（creditability transaction）の3種がある。信頼取引とは，日本独自の取引であり，「1回1回の取引で利益がでなくても，多角的に取引することによって，全体的に利益がでればいいという取引のしかた[20]」である。「今回は泣いてくれ」「そこを何んとか」「カシ・

カリの論理」「系列」など英語で表現しがたい言葉で表現される「日本独自の信頼取引,企業の長期発展の目的は歴史的なものであり,近い将来消滅するものではない。しかも日本企業はグローバル化せざるを得ない。しかし,個人の幸福を追求する外国人には,これら日本人の考え方は理解され難い。これを理解させるには,個人の幸福追求をベースにした,高い理念の明示,Implicit 指標の Explicit 化,ディベイトによる理解,そのベースになる人間の直接交流による相互理解が不可欠である[21]。」と主張する。

このように,準市場（ないし準組織）あるいは組織的市場と呼ばれる情況で行われる信頼取引は,長期的には確かに当事者間の取引コストを減少させることになり,その意味で経済合理的行動といえよう。そしてこの商習慣が,政官財の協力と相俟って,高度成長期をとおして国際競争力を高める原動力として機能してきたことも否めない。

だが,バブルが崩壊して内部留保（従業員等利害関係者への未払い分）が消失し,企業のガバナビリティが根本から問われる一方で,アメリカを中心とする海外からの市場開放圧力が日増しに高まる中で,「限りなく談合に近い」信頼取引,すなわち組織的市場領域は,たとえそれが当事者にとっては合理的行動であったとしても,公平・公正・経済ゲームのルールという点から批判されても止むを得ない。組織内意思決定プロセス,すなわち相補的依存情況のもとでの合意形成のプロセスが,無限定的に"柔い組織"としての市場において展開される情況は,生産者に対しては参入障壁を高くすることにより「公正かつ健全なる競争」を排除することになろうし,そのことは結局のところ国民（消費者）の利害に反することにもなるからである。

2) 旧西ドイツ型参加と日本型参加

相補的依存情況が"信頼取引"という形で市場取引場面において展開されるのは,したがって問題が多い。しかし,協働の原理によって成立する組織内協調の場面においては,洋の東西を問わず,大いに威力を発揮するはずである。

ところで組織内協調の確保のために,これまでアメリカを中心に理論的に

も実際的にも様々な方法が試みられてきた。科学的管理法，人間関係論，そして行動諸科学で展開される管理技法ないし"動機づけ理論"の歴史がそれである。だが，「アメリカ病」あるいは「生産性の危機」(productivity crisis) と呼ばれる情況が示すように，動機づけに関する様々な理論（刺激賃金制，HR技法，目標管理，期待理論 etc.）が，現実に十分成果をあげているとは思えない。その最大の理由は，動機づけ理論の分析枠組そのものおよびその根底にある管理概念の実践的意味自体の中にあると思われる。

すなわち，管理する側（経営者）と管理される側（労働者）を二分し，両者の対立構造のもとで，前者が後者の欲求（金銭，職場における人間関係，昇進・昇格，仕事の達成感 etc.）を「上から」（もしくは「外から」）刺激することによって，後者の「個人的」欲求充足行動を確保し，以って組織の管理機構をとおして組織成果を獲得するプロセスを"管理"と認識している点にある。この前提のもとでは，管理する側とされる側のいずれの側においても"やつら"(they) と"われら"(us) の対立構造は克服されない。アメリカ型'動機づけ'モデルの限界といえよう。

無論，この点は理論上の欠陥というよりは，産業革命以降の二大階級の形成史，あるいはヨーロッパ近代市民社会の成立期における個人主義的思想形成の歴史に求められるべきかも知れない。だが，元来組織なるものが協働体系であることを思えば，管理・被管理の対立に伴うコストは最小に抑えられるに越したことはない。交渉コストを最小限に抑えるという意味において，職場レベルでの意思決定への参加（QC サークル活動）や稟議制度による意思の表現，あるいは労使協議制によるわが国の「参加」経営は，従業員による経営参加として普遍的モデルたりえよう。それは企業＝（経営）組織体とみなし，経営者と従業員が共にリスクを分かち合うという意味での協働体モデル[22]である。

他方，資本と労働を対立的に捉え，そのうえで労働組合が資本と共同するという意味での労資間パートナーシップ・モデルを旧西ドイツ型参加方式にみることができる。1951年の鉄鋼・炭鉱業における大規模スト宣言を背景としてドイツ労働総同盟と政府・独占資本との妥協によって成立したといわ

れる「共同決定法」によれば，株式会社の最高機関としての監査役会の構成は労働者代表5名，資本家代表5名，中立議長1名（資本側）によること，また，労務担当取締役の選任は，労働側監査役の過半数の支持を必要とすると規定されている。実質的には資本家6対労働者5の比率になるとはいえ，形式的には労資同権による共同決定方式である。

ドイツの労資共同決定方式は，アメリカ型動機づけモデルの限界をふまえたヨーロッパ的解決方法とみなしうる。資本側と労働側の立場の違いの承認，その意味で互いにアイデンティティを確立したうえでの最高意思決定プロセスへの参加方式である。今後21世紀をとおして，組織への人びとのつなぎ止め，そして意欲づけの方法が，上からの動機づけという方式から経営参加方式へ変換せざるを得ないであろうということは確かだが，果して，日本のように従業員による参加が普及するのか，それとも旧西ドイツ型の労働組合による参加が一般的となるのかについての予測は容易ではないが，今後可能な2つの参加モデルであることは間違いない。そして異なる立場同士の交渉コスト（ないしコミュニケーション・コスト）という観点から言えば，わが国の参加方式が優れていることは確かである。だが，企業における人間行動および制度・習慣は，その時どきの時代的要請によって形成・確立・展開してきたものであり，日本型経営といわれるもの……それは高度成長期に全面展開したと言われている……，とりわけ日本型参加方式もその例外ではない。今後国際化の波に晒されることによって日本人の行動様式，その背後にある物の見方・考え方，すなわち価値観の変容がおこるとすれば，これまで維持されてきた企業という固い組織が，多少とも柔かい組織へと変化し，その分，相補的依存情況から対立的協調情況への変化が見られるかも知れない。

6．おわりに

以上，日本型経営をめぐる最近の批判論と擁護論の論点整理を試みたが，今後の企業経営がどの様な方向へ進むかとなると確かなことは言えない。た

だ,批判者が主として国内外における市場でのわが国の企業行動特性(たとえば,経済ゲームのルール違反,企業エゴ＝組織優先主義,社会内存在としての企業市民意識の欠如等)を指摘するに対して,擁護論者は'間人主義'モデルをも含めて組織的情況における日本人および日本企業の行動様式の合理性・意思決定効率・生産性の高さを弁護してきた。このことから,今後の方向は,基本的には"市場の論理"と"組織の論理"がどの様な場面で,どの程度人びとに受容され,かつ自らを貫徹しうるかにかかっているとおもわれる。23)

市場原理が価値の交換,すなわち利己心を前提に,自由,平等,公正の無限拡大を要求するのに対して,組織原理,すなわち協働の精神は,「組織の境界」を求める。産業構造の変化に伴う経済のソフト化ならびに企業活動のグローバリゼーションの必要が喧伝される中にあって,普遍性をもつ"日本型"資本主義モデルを構築しうるか否かは,この"境界"を何処まで拡大しうるか否かにかかっている。

注
1) 長谷川三千子は「欧米諸国の外部の地域を犠牲にして欧米諸国の内部に理想的な協調関係を築きあげること……これが international の基本構造であった」という。濱口恵俊編著『国際化と情報化』NHKブックス,22頁。
2) 拙稿「経営スタイルの東西比較」,『熊本商大論集』,第37巻第2号,1991年参照。
3) 松本厚治『企業主義の興隆』日本生産性本部,1983年;奥村 宏『法人資本主義』お茶の水書房,1984年;伊丹敬之『人本主義企業』筑摩書房,1987年;根本 孝／G. G. J. M. Poeth 共著『カンパニー資本主義』中央経済社,1992年.
4) 濱口恵俊「日本型モデルの構造特性―『関係体』の原基性をめぐって―」,(濱口恵俊編著『日本型モデルとは何か～国際化時代におけるメリットとデメリット～』新曜社,1993年,3-4頁。
5) 『文藝春秋』1992年2月号。
6) 同上書,102頁。
7) 80年代になると直接・間接に日本の企業経営に触れる以下の著書がいずれもベストセラーとなる。
　　Ouchi, W. G., *Theory Z: How American Business Can Meet the Japanese Challenge*, Addison-Wesley, 1981 ; Richard T. Pascale & Anthony G. Athos, *The Art of Japanese Management*, Warner Books, N.Y. 1981. (深田祐介訳『ジャパニーズ・マネジメント』講談社,1981年。): Tom Peters & Robert H. Waterman Jr, *In Search of Excellence*, Warner Books, N.Y. 1982. (大前研一訳『エクセレント・カンパニー』講談社,1983年。)
8) 西山忠範『支配構造論―日本資本主義の崩壊』文眞堂,1980年;三戸 公『財産の終焉～組織社会の支配構造～』文眞堂,1991年;奥村宏『法人資本論』お茶水書房,1984年;同『会社

注　79

本位主義は崩れるか』岩波新書，1992年；宮崎義一『現代企業論入門』有斐閣，1985年。
9) 加護野忠男・野中郁次郎・榊原清則・奥村昭博『日米企業の経営比較』日本経済新聞社，1983年；加護野忠男『日本型経営の復権』PHP研究所，1997年さらには21世紀に入り嵯峨一郎『日本型経営の擁護』石風社，2002年；高橋伸夫『虚妄の成果主義：日本型年功制復活のススメ』日経BP社，2004年などが続く。このように経営学者たちがこぞって「擁護論」に傾く著作を発表するというのは，逆にこの間実際界が「批判論」，すなわち大きく市場主義へ傾いてきたことの現われとも言えよう。
10) 宮本又男・杉原　薫・服部民夫・近藤光男・加護野忠男・猪木武徳・竹内　洋『日本型資本主義』有斐閣，2003年，199頁。なお当書のサブタイトルは Japanese Capitalism となっている。
11) 濱口惠俊「グローバリゼーションにおける日本型システムとその価値前提」『組織科学』Vol.24 No.4, 1991年。
12) R. T. Pascale & A. G. Athos, op. cit., pp.190-191.（邦訳，164頁）
13) 濱口惠俊『組織科学』Vol.24 No.4, 1991年。
14) P. F. Drucker, "What we can learn from Japanese Management," *Harvard Business Review,* March-April, 1971.
15) 佐々木尚人「わが国生産システムの理論的グローバリゼーション」日本経営学会『第65回全国大会予稿集』1991年9月，76頁。
16) 奥田健二「グローバリゼーションと日本型企業経営」日本労務学会編『第23回大会日本労務学会年報』1994年，84頁。
17) 奥田健二は相補性原理の思想的根拠を安藤昌益の「互性」および二宮尊徳の「円環思想」に求めているが，著者はむしろ相補性原理は，日本ないし東洋独自のものというよりは「組織内」意思決定プロセス一般に当てはまるものと考える。二分法ないしゼロ-サム的意思決定プロセスか，相補的かの違いは，当事者間に共通の利益が存するか否か，換言すれば，「組織化の程度」に依存すると考える。
18) 土屋守章『企業と戦略―事業展開の論理―』リクルート出版，1984年，121-141頁。
19) 伊丹敬之，前掲書，13頁。
20) 清水龍瑩「日本型経営『信頼取引』とそのグローバル化」『組織科学』Vol.27 No.2, 1993年，4頁。
21) 清水龍瑩　同上書，13頁。
22) 第1章でとりあげた山田　保は奴隷制社会と資本主義社会がいずれも「商品」取引を前提にした社会である点で，また封建社会と社会主義社会がいずれも商品取引ではなく，共同（協働）体を前提にするという意味で共通性をもつと言う。そしてバーナードの"協働体系"としての組織観に依拠して，個人の利益より組織全体の利益を優先させる日本の企業を「ミクロの社会主義」（『日本的経営の経済学』前掲書18頁）とよぶ。"協働体モデル"は著者の造語だが，市場取引とその前提としての"契約社会モデル"に対比されるべき組織概念である。
23) 現下わが国企業における管理上の問題は，効率（ないし競争）を追求すべき領域（例えば管理職や総合職）で「年功制」（「組織の論理」）が機能し，他方，雇用の確保等，公平・公正であるべき分野に正規・非正規という形で「競争原理」（「市場の論理」）が持ち込まれがちだという点にある。

第4章
規制緩和と組織の境界

1. はじめに─規制緩和論争─

　第2章で明らかにされた「産業構造の変化」は本書のテーマである「ジェンダー型企業社会の終焉」という視点からみれば，いわばその内生的条件の成立を意味する。近代以降，不思議なことにこの国は姿かたちを変える際には決まって「外圧」を求める。その第一弾は「規制緩和」圧力である。

　ところで，「組織主義的資本主義」体制の枠内での「市場原理」の導入。それが，さしあたりわが国の取るべき針路であり，目下のところそれ以外には考えられないというのが大方の現状認識であろう。だが加護野の言うように日本型経営の本質が「長期コミット」にあるとすれば，その本質が維持される限り，日本企業は「組織的」でありつづけ，したがって「ジェンダー型企業社会」は持続されることを意味する。90年を前後して「外圧」的にこの国に揺さぶりをかけたと思われるのが，「改正男女雇用機会均等法」をはじめとする一連の女性労働環境をめぐる法整備（外圧第二弾）だったとすれば，やはり90年を前後して，「外圧」的に経営環境の変化を求めたと思われるのが「規制緩和」である。組織と市場の境界線の移動，すなわち組織から市場への道はいかなる領域で，どの程度推進さるべきか，それを問うのが「規制緩和と組織の境界」のテーマである。

　わが国における規制緩和は，1979年にOECD（経済協力開発機構）が日本政府に対してその推進を勧告した時点に始まる。（期せずして同じ年に国連第34回大会にて「女子差別撤廃条約」が採択されている。）中曽根内閣のもとで財政赤字の解消ならびに行政の効率化を目的に第二次臨時行政調査会

1. はじめに——規制緩和論争——

(土光敏夫会長) が作られ,国鉄,電電,専売の三公社の民営化が進められた。その後 1993 年,細川内閣の「緊急経済対策」の柱として規制緩和が打ち出されて以来,アメリカからの市場開放圧力が強まるなかで政財界の 90 年代の基本戦略となる。細川首相の私的諮問機関として設けられた経済改革研究会から「平岩レポート」が発表されたが,そこでは公的規制を経済的規制と社会的規制とに分け,「経済的規制」については「原則自由・例外規制」,「社会的規制」に関しては「必要最小限に縮小」するという考えが打ち出された。

しかし,経済的規制緩和が経済的弱者である中小零細企業の営業や労働者の雇用を脅かすとすれば,それは「社会的問題」であろうし,逆に「社会的規制」が現実には企業の自由な活動を制約せざるを得ないとすれば,企業にとっては「経済的規制」に他ならないということになる。つまり,単純に一定の「社会的規制」は必要,そして「経済的規制」は最大限撤廃すべし,とも言えない問題がある[1]。

その後,1994 年の「行政大綱」の決定および「行政委員会」の設置,1995 年「規制緩和推進計画」を経て,98 年 4 月には 2000 年までの 3 年間を対象とする新たな「規制緩和推進計画」(新三カ年計画) が決定され,愈々本格化された。しかし,橋本政権の六大改革の目玉とされた金融ビッグバンは,北海道拓銀や山一証券の倒産を皮切りに「経済の活性化」とは裏腹に「金融不安」を引き起こし,小売流通の分野では,大店法の改正から廃止へと,大型店の出店規制の緩和が進められることによって町の商店街は壊滅的な状態に追い込まれつつある。規制緩和は「市場原理」の名のもとに企業経営の効率性を目指すものだが,グローバリゼーションの進展とともにある程度はやむを得ないとしても,当面競争の激化に伴う企業倒産と失業率の増大を,新秩序へ向けた「産みの苦しみ」あるいはキャッチアップ経済からグローバリティ経済 (世界経済の状態) への移行に伴う必要悪として容認しうるかという問題がある。

このように規制緩和をめぐっては,「経済的規制」と「社会的規制」のバランスの問題並びに規制緩和のスピードと程度 (範囲と量) の問題がある

が，経済学の分野では市場原理とセーフティネット（安全網）の必要性をめぐる議論が交わされてきた。「安全ネットの張り替え急げ」と主張する金子勝によれば，「行き過ぎた金融自由化が世界中をバブルとその破綻の波に巻き込み，市場機能を最重要視して『小さな政府』や規制緩和を掲げる新古典派経済学的な政策への疑念が高まっている。…略…この長期不況を脱出し経済を再生させる糸口をどこに求めればよいのか。それは市場や社会の変化に応じセーフティネットを張り替えていく制度改革という戦略である」[2]として自己責任を徹底すると貸し渋りやリストラ（雇用削減）あるいは家計の消費抑制に見られるごとく企業や個人の不安が募り経済を萎縮しかねないこと。むしろ不況時の信用収縮回避に向けた銀行の自己資本規制の弾力的緩和や為替投機抑制のためのアジア諸国との協力という形での「信用リスクをシェアする仕組み（「協力の領域」）」の形成が大切であり，逆説的だが市場機能を向上するためにも安全ネットが重要だと主張する。

他方，小塩隆士は，「政策，さらに市場重視で」と題し，「市場原理を批判する人たちの主張を現実的政策対応という角度から検討してみよう…略…例えば，金融自由化を撤廃すれば市場が不安定になり，…略…当局は大手銀行への公的資金注入などを含め，様々なセーフティネットを設定してきた。それによって金融システム不安は少なくとも当面回避されている。しかし，それはコストなしに済んでいない。最大のコストは日銀のバランスシートの悪化である。預金保険機構向けの貸付金など，信用秩序維持政策に伴う日銀信用は総資産の一割を占めるようになっている。」[3]としてそのコストは結局，金融政策の機能力低下という経路を通じ国民に跳ね返るという。つまり，安全網の強化がその場限りの対策に終わり，事態を悪化させる可能性すらあると主張する。

社会経済において規制緩和が市場原理の貫徹領域の拡大を意味するのに対して，安全ネットの整備は設置者が一国政府であれ，多国間協議機関であれ，ビジブルハンド下に置くという意味で組織原理の適用領域の設置を意味する。では，経営学は「組織と市場」の境界をどのように分析してきたのか。また，規制緩和は「組織の境界」をめぐる議論にどのように関わるのか

について検討する。

2．組織と市場：境界領域

　組織と市場の境界をめぐる議論，すなわち企業活動のうち，何故ある種の活動は社内で行われ，他の活動は社外の市場で調達されるのかについての問題提起は，アメリカのノーベル経済学賞受賞者コース（R. H. Coase）による 1937 年の論文に溯る。[4] この問題が 70 年代後半以降のアメリカで再び論じられるに至った背景には，わが国の系列システムに代表される「中間取引」の有効性への注目がある。すなわち，日本の自動車や電気産業の躍進の秘密には，部品調達面での系列取引が存在するという認識である。

　完全競争の下では，物やサービスの流れは価格のもつ自動調節機能により方向づけられる。他方，理想的計画経済の下での財やサービスの生産および分配は，計画者により組織的に決定されよう。計画（組織）か価格（市場）によって物とサービスの流れが調整されるわけだが，現実には両者の中間とでもいうべき領域が存在する。

　この中間領域の存在は，現実の市場取引に伴う様々なコストの存在を認識せしめ，コース以来の組織の経済学では，価格による市場調整（組織の失敗）と数量による組織調整（市場の失敗）の境界，すなわち組織の境界が生産コストの節約ではなく取引コストの節約点に求められる。境界が生産諸要素の結合点ではなく，取引コストの節約点に移動したことによって組織の境界の可塑性が著しく高められた。と同時に，このことは，とりわけ系列取引やグループ経営を特徴としてきたわが国大企業の行動様式の経済合理性に対するある種の説明原理を与えることとなり，いわゆる企業境界の「グレーゾーン」説あるいはの種々の「中間組織」論を登場せしめた。

　例えば，「日本における社内カンパニー制や分社化は，企業の内部と外部の境界のグレーゾーンにあり，しかもこのグレーゾーンの幅が広いことが注目される」とする小田切宏之によれば，「分社化や持ち株会社によるグループ経営も，企業と外部市場との中間的な組織形態と位置づけられる。…略…

日本では事業部制と銘打っても実際は事業部単位ではなく全社的な人的資源の育成と活用を重視するなど，事業部の自立性は低かった。…略…これは日本企業の行動原理に照らせば合理的だった。日本企業はその代わり，企業の規模拡大に伴う非効率を最小限に抑えるため，分社化というシステムを採用してきた。」5)

組織と市場の中間領域を前出の伊丹敬之は，「組織的市場」という。すなわち，「組織的市場とは，自由市場の原理に組織の原理がま・ぜ・合・わ・さ・っ・た・よ・う・な・市場取引のあり方で，純粋な自由市場と完全な組織との中間的な性格をもった企業間のつながりのこと（傍点著者）」6)である。

中間領域は，その性質上組織ヨリの領域と市場ヨリの領域に分けられよう。土屋守章は，前者を「準組織」，後者を「準市場」という。すなわち，「大企業と専属下請け企業との間の関係，大企業と専属販売会社との間の関係は，市場というよりむしろ組織に近い。もちろん，純粋な組織ではないので，ここでは準組織という言葉で表現しておこう。」7)また，専属下請けや専属販売会社が，技術的，営業的に力をつけて，買い手と対等の立場になるにつれ，市場の関係に近づく。しかし，依然大企業との間で互いに長期的に安定して継続する取引関係を期待しており，価格についても，短期的な市況の変動に機敏に応ずることはせずに，安定価格を前提にしている場合，「純粋のスポット市場での取引とは性質の異なる長期安定取引」関係が成立している。そのような取引関係を「準市場」の関係という。かくて，土屋の場合，純粋な市場と，準市場，準組織，組織の4種類が示されるわけだが，「もちろん，現実のすべてのつながり方がこの4つの種類にぴったりと当てはまるというのではなくて，すべての程度の問題であり，その中の4類型であるにすぎない。」8)ここで言う「準組織」は組織間のタテ型の繋がり，そして「準市場」は組織間のヨコ型の繋がりと理解される。

組織の境界を取引コストの境界（節約点）に求める分析は，その後，O. E. Williamson に代表される組織経済学者たちによって進められて今日に到っている。彼らは取引コストの概念を更に拡張し，「契約関係の統治」なる概念によって企業の生成・発展を説明する。すなわちウィリアムソンによれ

ば，職能別組織（U 形態企業）から事業部制（M 形態企業）組織への移行あるいは多国籍企業への展開は内部組織化のプロセスであり，持ち株会社やコングロマリット等 M 形態の変形はいわば組織化された「契約関係の束」に他ならない。したがって，様ざまな組織形態については，様ざまな取引関係の契約関係の統治のスタイルであると同時にそのスタイルを選択する「組織化の選択」ないし組織設計の問題と捉えている。組織の境界を「市場主義的」資本主義の下で分析した結果である。

　以上，組織と市場の境界をめぐる「中間組織論」というべき主要な経済学および経営学の議論をみてきたが，いずれにも共通するのは，ひとつは組織と市場の境界が曖昧且つ流動的であること，加えて純粋市場取引に対する企業の側の組織的情況の形成に伴う効率もしくは経済合理性の主張である。

　それでは，政策として喧伝され実行されつつある「規制緩和」が，以上みてきた「中間組織」に対して如何なるインパクトを与えんとするのか。確かに，「信頼取引」をベースとする準市場，あるいは組織的市場取引は，長期的には，当事者間の取引コストを減少させることになり，その意味で経済合理性が期待できよう。現にこの商習慣が，政官との協力と相俟って，高度成長期を通して日本企業の国際競争力を高める原動力のひとつとして機能してきたことも否めない。だが，限りなく"談合"に近い「信頼取引」，すなわち組織的市場領域は，たとえそれが当事者にとっては長期的コミットを可能ならしめ，当事者間での信頼関係を築くという意味で合理的であったとしても，既述のごとく経済ゲームのルールという点から批判されても止むを得ない。「規制」は，元来経済的なものであれ，社会的なものであれ，規則を制定し，個々の自由な行動を制限するという意味で，人為的＝組織的情況の策定を意味する。その意味において，現下の「規制緩和」は，国家レベルでの市場原理の導入，すなわち，上記の「中間組織」論の主張にもかかわらず準組織的情況＝タテの中間組織の改善もしくは払拭を目指す政策に他ならない。「中間組織」論が行為主体としての個別企業ないし企業グループの経済合理性という観点からのみ論じられる限りにおいては，批判の対象に晒されても仕方のない情況なのである。

ところで，組織現象（企業行動）のリアリティとしては，準組織（タテ型中間組織），準市場（ヨコ型中間組織）の存在を実感するのに困難はないとしても，理論的には「組織」，「中間組織」そして「市場」の区別と関連を明らかにするのは，そう容易いことではない。とりわけ情報化，グローバル化，ネットワーク化が叫ばれる今日，組織間関係が増々複雑化・多様化しつつある中にあって，経営学は分析対象としての企業＝組織の境界をどのように把握せんとしているのか，また問題とする「規制緩和」は，その境界を拡大するのか，それとも縮小するのか。そもそも，準組織あるいは組織的市場という際の「組織」とは何かという問題がある。

3．協働システムと支配システム

組織を支配システムとみなすか，それとも協働システムと捉えるかによって「組織の境界」をめぐる議論が二分される。後者の立場からバーナードは主著『経営者の役割』の第6章公式組織の定義，を次の文章から始めている。「協働体系とは，少なくとも一つの明確な目的のために二人以上の人々が協働することによって，特殊な体系的関係にある物的・生物的・個人的・社会的構成要素の複合体である。…略…協働体系のなかの一つの体系であり，『二人以上の人々の協働』という言葉のうちに含まれている体系を『組織』と呼び，その意味をこの章で明らかにしてみよう。」[9] そして，この協働体系に具体性を付与している，物的・生物的・個人的・社会的その他の要素を捨象することによって得られた概念が「二人以上の人々の意識的に調整された活動や諸力の体系」としての「組織」である。

組織が調整された人間努力の体系としての活動体系であることから，活動の提供者，すなわち「あらゆる貢献の行為やエネルギーの受容が含まれるから，商品を購入する顧客，原材料の提供者，資本を提供する投資家もまた貢献者となる。」[10] ここでバーナードは，普通われわれが組織の「構成員（メンバー）」と呼ぶ人々より広い意味で「貢献者」という語を用いているのであるが，かかる人々を，「意味の混同が生じない場合には」（軍隊における兵

3. 協働システムと支配システム

士同様)「通常の慣習に従い」その「構成員(メンバー)と呼ぶことにしよう」と述べており，そのことから，通常われわれが感知しうる「組織のメンバーに顧客を含めた」として，その後の研究者たちの間でその是非が問われてきた。

　定義の対象としての「組織」，すなわち「二人以上の人々の意識的に調整された活動や諸力の体系」は，組織の本質規定であり，非人格的な活動体系であるためにその境界内には具体的な人間は含まれない。しかし，活動体系としての組織が成立するためには，共通目的の達成を目指す，貢献意欲をもった相互に意思伝達可能な人々の存在が不可欠である。このような人々は，活動体系としての「組織」から見れば「貢献の側にいる」人々であり，日常的にわれわれが体験する所謂(いわゆる)「組織のメンバー」ではない。強いて言えば，協働システムとして捉えられた活動体系への貢献者，すなわち正機能を有する活動の提供者であり，その限りにおいて，株主，経営者，従業員を不問，顧客も不可欠な人々ということになる。つまり，バーナードの組織論においては，本質規定としての組織の中に人間が含まれないのみならず，具体的情況として把握される協働システムにおいても，貢献の側にいる機能的存在としての諸活動の提供者…すなわち貢献者…でしかないのであり，伸縮自在な活動体系としての「組織の境界」を所謂メンバーシップで規定するのは土台無理なのである。バーナードは組織における機能面を抽出することにより，組織概念を純化すると同時に，メンバーシップ(構成員)については，貢献者と称することにより，組織の境界線については著しく拡張する道を開いたといえよう。

　他方，組織の本質を強制力や拘束性に求め，「強制力の及ぶ範囲」に組織の境界を求める主張がある。中條秀治は「バーナードを端緒とする近代組織論は，企業，労働組合，大学，協会，病院，軍隊，交響楽団，政党，フットボール・チームなどの団体と，その団体運営の社会的関係である組織とを同一のものと見る。…略…しかし団体と組織を同列に論じてよいのであろうか。組織を団体と同義語として取り扱っては組織論は混乱するばかりである。」[11]として，まず「団体の境界」を設定する。すなわち，社会関係には

個々の人間が自由に参加したり離脱できる「開放的」社会関係と，民族，宗教，人種，血縁，学歴…等により形成される「閉鎖的」社会関係があり，資格や条件が問題とされる閉鎖的社会関係が団体であり，その閉鎖性が団体の境界である。しかるに「組織は，団体とは別次元の社会的関係である。組織は団体の維持運営のための社会的関係である。組織は団体内に秩序と規律を与える社会的工夫である…略…組織の本質は強制力や拘束性を伴う社会的関係である。」[12]

この観点に立てば，従業員は賃金と引き替えに，その拘束力や強制力を受け入れることに合意した者たちゆえ，境界内に存するが，顧客は企業からいかなる拘束力も受けるものではなく，企業という団体のメンバーではなく，組織メンバーではありえない。また，株主は出資者として自らの資金の適正な使途を監視する権利を持つが，法的には企業の所有者であるとしても，「資本と経営の分離」がほぼ定着した大企業においては，経営の担い手ではない。株主と企業の関係は，家の新築を考えている施主と工務店の関係と同じであり，施主は建築に関して，全面的に自己主張できるとしても，工務店のメンバーではないことは明白である。かくて，「企業は経営の主体であり，企業のメンバーは団体の具体的な活動を担う経営層とその指示で働く従業員という者によって構成されている。」[13]

このように中條は「団体運営の中核を占め，運営に責任を負う者こそ組織のメンバーというべきもの」[14]との考えから，逃亡を見張る現場監督に対する蛸部屋の労務者，刑務所の看守に対する囚人，そして教育現場の教師に対する学生をそれぞれの「団体」における「組織メンバー」から除外した。組織を「団体に秩序と規律を与える社会的な工夫」と規定する中條は，組織を「支配システム」と見ており，目的達成のための装置もしくは用具とみなす，ある意味で伝統的な組織観に立ち返ることによって，組織の境界をめぐる曖昧さを払拭しえたし，メンバー（構成員）についての理解を日常的体験のレベルに戻したといえよう。

組織の本質を強制力や拘束性に求め，秩序と規律を重視する支配システムとしての組織観の利点は組織メンバーの特定化，したがって組織の境界が明

確になる点にある。

　その意味では準市場あるいは組織的市場と把握された系列間取引やグループ経営という形でのタテの「中間組織」は，支配主体（ないし管理主体）が明確だという意味で支配システムとしての組織観（したがって組織の境界あり）が妥当する。しかし，現下の規制緩和に伴い，従来「組織的情況」が支配していた領域（系列，業界，許認可 etc）が「市場的な情況へと変化するにつれ，組織間関係においてもある種の「機能対等的（＝ヨコ型の）分業」が重要性を増してくるとすれば，再び協働システムとしての組織観が見直されよう。その時，今度は組織間レベルにおいて新たな「組織の境界」が問われることになる。

4．規制緩和の理論的意味：規模・範囲・連結の経済

　企業規模を拡大することによる利点，つまり，専業・量産に伴うコスト削減（「規模の経済性」の追求）の具体例をフォード，T型車の一車種大量生産システムの実現に見ることができる。すなわち，「モデルT」の生産開始年，1908年には一台に付き850ドルであったものが，8年後の1916年には360ドルまで価格が下がっている。[15] 同一事業の水平的拡大による生産設備の有効利用に伴う費用削減である。だが，その後のフォードは経営史が教えるように市場ニーズの変化についていけず，GMの台頭の前にT型車量産体制の変更を余儀なくされた。

　他方，事業数の増加による多角的拡大は，複数の事業間での資源やノウハウの共有や事業活動の補完性に伴う経済性が生じ，それは事業範囲の拡大による「範囲の経済性」と呼ばれる。「発酵技術」を深く掘り下げ，種々の製品開発に結びつけた協和発酵は，その好例であろう。このように有形・無形の資産共有ができれば範囲の経済性が得られるわけだが，多角的な事業の展開は，新たな事業の自立性が高まればそれだけ，企業全体から見れば，資源の重複，異質な人材や文化を抱え込むことを意味し，「無駄」も多くなる。従って範囲の経済の追求は，多角化に伴う総コストが，共有資産やノウハウ

の共有に伴う利益を上まわらない限りでの「規模」の経済の追求とも言えよう。規模の経済モデルが市場変化を無視ないし計算可能な状況での企業レベルの計画経済にあるとすれば，範囲の経済の追求は計画経済体制内での最大限の市場変化（社会ニーズ）への適応行動とみなせよう。

　ところで，現代は，一組織だけでは環境変化（市場ニーズの多様化）に対応できずに，複数組織が提携・連結して適応する「ネットワーク化」の時代と言われる。宮沢健一によれば「時代は市場重視の時代であると同時にネットワーク化の時代でもあり，市場面での規制（公正）と競争（効率）の調整にもネットワーク化に即した仕組が必要である。従来その調整は，最も効率的な『市場』と，市場が作動しにくい状況でつくられる『組織』の2つ（原理）で担ってきたが，今や組織間の提携など『連結』という第三の調整原理が成立，今後その経済性の重要度が飛躍的に高まる。市場・組織・連結の3者を自在に選択し効率を追求すべきだ。」[16]つまり，今日の大変化のもと，組織内の「内部資源」だけに頼っていては，環境変化に対応できない。組織外の「外部資源」と共同し，分散する要素を結びつけ，成果を上げるのが組織間ネットワーク活動である。作動するのは，「連結の経済性」であり，その核は，主体間の情報共有にある，と言う。また，社会的にみると，「連結の経済性」の成立は「市場と組織に続く組織間調整という，第三の社会経済の調整機構での効率性の成立」を意味する。範囲の経済に不可避な「無駄」を省きつつ，企業の外延的拡大を目指す。

　確かに情報共有，更には「情報創造」に伴う「連結の経済性」は，「規模の経済」や「範囲の経済」の概念ではカバーできない新境地を示唆する。特にイノベーションに結びつくような重要な情報，知識，ノウハウは市場取引やヒエラルヒー（内部組織）においてよりも，互いに信頼関係が成立した状況でのコミュニケーションを通して交換されるであろうし，市場でもない，組織でもない，いわば「中間組織」において，あらゆる意味での社会的調整がおこなわれているのも事実である。

　しかし，「連結の経済」が展開する場面は，「規模」や「範囲」の経済とは異なり，企業活動の自由で活発な拡がりを想起させると同時に，分析の焦点

が「組織と市場の境界領域」にあることに伴う理論的な曖昧さが付きまとうことも否めない。その曖昧さはどこからくるか。

ひとつは，ネットワーク組織論の強調点が組織の「創発性」にある点に求められる。現代の産業社会を見る重要な視角として「市場と組織の相互浸透」を掲げる今井賢一によれば，「ネットワークという言葉は，単に連結の態様を抽象的に指すものであるが…略…権限という要素が入ってくると上下の関係が生まれるので，一般には組織は階層関係（強い連結・形式的情報…著者）を含んでもよいが，さらになんらの権限関係や上下関係なしに，横にゆるやかに結びついているような関係（弱い連結・意味的情報…著者）も含まれる。」[17)]そして，「ゆるやかな連結に基づき分権的に形成されるネットワーク B（強い連結の中央集権型…ネットワーク A に対する弱い連結の創発型）は，(1)小さな環境の変化にも対応しうる敏感性を持ち，(2)その適応の仕方に多様性，異質性を確保することができ，(3)予期せざる環境の変化に対する脆弱性が小さい，という長所を持っている。人々の欲求が多様化し，製品サービスの分化が進むにつれて，産業システムにおいてはこのネットワーク B が重視されねばならない。」[18)]と説く。確かに新たな事業が創造（新結合）される状況は，「意味ある情報」が交換される「弱い連結＝ヨコの連結」下であろうし，将に「規制緩和」の政策的意義もそこにあろう。しかし，それは，「組織と市場の境界領域」での事象ではあっても，組織と市場の「相互浸透」ないし，「融合」[19)]される情況とみなすべきではなかろう。波打ち際は陸と海との境界領域ではあるが，融合領域とは言えまい。

他のひとつは，ネットワークという用語の有する一面的な響きのうちにある。今井自身，曰く「組織や社会においては，人々との間を連結するものは何であろうか。あるいは利害関係であり，共通の関心であり，また友情であり，またもう少し抽象度を高くいえば役割であり，取引である。ネットワークという言葉を用いると，こういった連結の内容とは離れて，なんとなく相互依存関係のあるシステムを理解できたような気になる。また，連結の背景にある利害対立が隠れて，調和的な関係に聞こえる。ネットワークという言葉もまた，手垢にまみれていないとはいえ，一種の魔法の言葉なのである。

(傍点著者)」[20] ネットワークという用語が，例えば親会社と第一次下請の場合のごとき「強い結合」状態ではなく，自律的な主体間の「ゆるやかな結合」状態を指すとき，しかも「連結の経済性」が発生する場面をこのような状態の下で想定するとき，そこで形成される社会関係は，当事者が自律性を損なわない限りにおいて，関係のポジティブな側面にのみ照射せんとする試みに他ならない。

その意味では，規制緩和政策の理論的支柱のひとつと目されるネットワーク社会論および「連結の経済性」の主張は，「組織の境界」視点に照らせば，組織を人々の貢献によって成り立つ「協働システム」としての活動体系と捉えたバーナード組織論の曖昧性ないし一面性に通じる問題がある。

5．規制緩和の管理上の意味：集権・分権・ネットワーク

組織を支配システムと捉えるか，それとも協働システムと捉えるかは，オーケストラの指揮者を管理（支配）者とみなすか，それとも調整者とみるかの違いに類似した問題がある。つまるところ，論者の社会観，それに基づく組織観に左右されよう。しかし，「規模の経済」や「範囲の経済」が組織設計者（企画者）を必要とするように，「連結の経済」が追求される場面においても，何らかの意味での調整ないし管理が必要と思われる。自律的主体者間のゆるやかな結合は，いかに調整ないし管理されるのか。

まず，企業レベルで考察する。「規模の経済」および「範囲の経済」が，いずれもそのモデルを計画経済に求める点は既に指摘した。しかし，その計画度，すなわち集中度は当然異なる。規模の経済が十全に展開するのは垂直統合が完成した状態であり，企業活動の総てが計算可能な状態，すなわち集権管理が完成した状態であろう。他方，事業部制，経営多角化，分社制あるいはカンパニー制等，いわゆる範囲の経済を追求するための多様な組織形態は，基本技術，資産，ノウハウを中核として市場ニーズに適応せんがための組織的工夫＝分権管理であり，企業レベルでの集中度は緩まざるを得ない。

それに対して，「連結の経済」は，論理次元を異にする。行為主体が自律

性を維持しつつ自ら「組織」し,自ら「管理」する情況が生まれる(自己組織化)。自らメンバーであり,自ら管理する組織情況とはいかなる状態をいうのか。

ここで,再びバーナードの「管理職能」についての興味深い言説が注目される。すなわち,「管理職能は協働努力の体系を維持する作用をする。それは非人格的である。その職能はしばしばいわれるように,人々の集団を管理することではない。…略… また,管理職能は協働努力の体系を管理することであるということさえも正しくない。協働努力の体系は,全体として自ら管理するものであって,その一部である管理組織によって管理されるのではない。(傍点著者)」[21]

ここに言う「全体として自ら管理する」情況とは,集権管理(規模の経済)あるいはその亜種としての分権管理(範囲の経済)のいずれとも異なる「第三の管理スタイル」といえる。それは支配システムとしての組織においてではなく,参加主体の自発性を前提とするネットワーク型の協働システムにおいてこそ適合的内容をもつ。「組織の境界」は差程重要ではなく,管理面においても伸縮自在の外延的拡大可能性を備えている。逆に言えば,ネットワーク型組織間関係は,管理・統合面において「全体として自ら管理する能力」を欠くとき,直ちに崩壊する脆弱性を常に孕んでいるといえよう。

次に国家レベルではどうか。規制緩和は一国経済における市場原理の導入=組織原理の緩和による経済活性化の政策手段と考えられているが,その際要求されるのが企業組織の内外を不問,各個人の「自己責任」である。それは,意思決定主体すなわち管理責任が,国家から業界へ,業界から各企業へ,また企業レベルから個人レベルへと移動するからである。意思決定主体がマクロからミクロへ移動するにつれ,「組織の境界」のもつ管理上の意味が薄れることになる。支配システムとしての組織(国家)の役割が縮小し,意思決定者=責任者の所在が,システムの構成員(ユニット)に移動した情況こそ,バーナードの説く「全体として自ら管理する」システムであり,国家レベルにおいても事情は同じである。

しかし,自己責任に裏付けられた協働状況は,理想的な機能状態にある社

会主義体制ならまだしも，資本主義体制の下では，非営利組織においてか，さもなくば組織間関係の創発状況においてか，極めて限られた場面でしか期待できない。規制緩和の進展によって，支配システムとしての国家が協働システムとしての国家に変身するとも思えない。だからこそ「自己責任」が要求されるのであり，要求の背後には，社会関係，とりわけ市場における人間行動には，協働心ないし利他心[22]に対比さるべき人間の本性としての利己心が前提されているとみなしうる。規制緩和にともない，国家から企業へ，企業から個人への「管理主体」の移転が可能か否かが問題となる。

　第1章において市場主義＝利己心重視，組織主義＝協働心重視と捉え，「国家レベルと企業レベル」の2つの軸で4つの経済体制が得られた。(図1「4つの経済体制」20頁)

　簡単に再説すれば，市場主義的資本主義社会とは，典型的な資本主義，それはマルクスが『資本論』で描いた全ゆるものが商品化された社会である。対極に位置するのが，組織主義的社会主義社会で，国家全体レベルで協働心が強調されると同時に，その器官(構成ユニット)としての企業においても個人の利益より全体の利益が優先する。社会統合の方法としては，前者が社会的規制としての法律，経済ゲームのルールとしての契約を重視するのに対して，後者は個人レベルでの動機づけ，すなわち社会主義的教育が不可欠である。

　次に，組織主義的資本主義社会とは，社会体制としては資本主義ではあるが，企業レベルでは協働精神を涵養するための制度・慣行が幾重にも設けられており，企業社会は堅い連結(イエアナロジー)で統合されているので「組織の境界」が明確な，いわゆる「日本型資本主義」社会。対して，市場主義的社会主義社会とは「社会主義市場経済」を唱える以前の中国の場合で，社会主義体制内での市場原理の導入を目指す社会体制であった。したがって，規制緩和が国家レベルでの市場原理の導入宣言だとするならば，国家(市場)においても企業(組織)においても「利己心」が支配する状況への方向転換を示すことに他ならない。問題は「組織主義的資本主義」の枠内にいかにして留まるかであろう。国家もしくは21世紀型企業経営の担い手

たちはどの程度意識的に舵取りをしているかが問われているのである。

6．おわりに

　人間が「社会的動物」であること，つまり，第1章にて分析した様にその本性において利己心（＝動物性）と協働心（社会性）の2面性を有する存在であることを認め，且ついかなる社会体制においても，自由と拘束のバランスを欠く社会は長続きしないということを認めるならば，短期的には兎も角，長期的には「組織主義的資本主義」か，あるいは「市場主義的社会主義」のいずれかの体制を求めることになる。そしてわが国は「人間の本性」に照らして「組織主義的」資本主義体制を維持すべきだと考える。だが，その枠内に於いてではあるが，変革が余儀なくされているのも事実である。その動因のひとつが本章でとりあげた「規制緩和」である。「外圧」なるが故に様ざまな議論は避けられない。

　「規制緩和」が「組織主義的」資本主義の限界を克服するための国策だとすれば，「市場主義」者は，「市場主義的資本主義」への移行ないし少なくとも「組織主義的」色彩を弱めることを主張する。他方「安全ネット」の主張者は，つまる処「市場主義的社会主義」体制を求めることになろう。社会統合と活力という観点に照らせば，その成否は，前者においては，「自己責任（管理）能力」の成熟度，並びにその前提としての「情報公開」そして後者においては，将に「自己の成長・発展が同時に全体の成長・発展につながるような」社会内存在としての自己認識の養成が求められよう。

注
1) 角瀬保雄『大競争時代と規制緩和』新日本出版社，1998年，21頁。
2) 『日本経済新聞』1999年3月12日付。
3) 『日本経済新聞』1999年3月10日付。
4) R. H. Coase, "The Nature of the FIRM", *Economica* 4, November 1937, pp.386-405.
5) 『日本経済新聞』1999年4月5日付。
6) 伊丹敬之『人本主義企業』筑摩書房，1987年，93頁。
7) 土屋守章『企業と戦略』リクルート出版，1984年，125頁。
8) 同上書，128頁。

第 4 章　規制緩和と組織の境界

9) C. I. Barnard, *The Functions of the Executive*, Harvard University Press, 1938 年, p.65.（山本・田杉・飯野訳『新版　経営者の役割』ダイヤモンド社, 1979 年, 第 26 版, 67 頁。
10) 同上書, 77 頁（邦訳 79-80 頁）。
11) 中條秀治『組織の概念』文眞堂, 1998 年, 302 頁。
12) 同上書, 305 頁。
13) 同上書, 307 頁。
14) 同上書, 316 頁。
15) 三輪晴治『創造的破壊』中公新書, 1978 年, 149 頁。
16) 『日本経済新聞』1999 年 1 月 8 日付。
17) 今井賢一『情報ネットワーク社会』岩波書店, 1984 年, 50 頁。
18) 同上書, 70 頁。
19) 同上書, 122 頁, 142 頁。
20) 同上書, 4-5 頁。
21) C. I. Barnard, 前掲書, 216-217 頁（邦訳 226-227 頁）。
22) 高　巌『H. A. サイモン研究』文眞堂, 1995 年, 527-553 頁。

第5章
ジェンダー型企業社会の終焉

1. はじめに

　「停滞の10年」あるいは「失われた10年」と言われた90年代を経て，21世紀初頭ようやく一部の産業（自動車，家電，金融等）にて回復のきざしが見えたと言われている。だが中小企業の経営環境は以前にも増して厳しいものがあり，日本経済全体としては，二極分化が一層深まりつつある。80年代に示した国をあげての活況は遠い昔ばなしとなりつつある。最近では「失われた15年」という声も聞くが，日本経済は「構造的」後退局面に陥ったのであろうか。

　だが，この間女性労働をめぐる諸状況は大きく変化した。深刻化する少子化・高齢化に伴う労働力人口の不足が懸念されるなか，年々厳しさを増す国際競争場裡に晒された日本企業は，組織効率の観点から人的資源の点検・見直し・有効利用の問題に直面する。「効率」の悪い人的資源の無駄な利用状況を是正しつつ，環境変化に耐えうるいかに「柔軟な」雇用労働状況を構成するか，という文脈で女性労働力が注目されるに到ったのである。

　他方，働く女性をめぐる法的整備が進んだ。1979年国連第34回総会における「女子差別撤廃条約」の採択を契機に，わが国においても1985年には条約の批准および「男女雇用機会均等法」（以下「均等法」で表示）が制定された。「ジェンダー型企業社会」の終焉を方向づける「外圧」第2弾である。以後労働基準法，育児・介護休業法および「均等法」が改正・施行され，男女共同参画社会基本法も制定された。かくして，近年女性の職場進出や地域社会における各種活動への参加が進み，わが国おいても社会における女性

の役割がより強く認識されるに到った。

このように働く女性を取り巻く社会環境が大きく変化しつつあることは否めないが，一方で，M字型就業構造（後述）に示されるように，育児や介護，家事のために仕事を辞めざるを得ない状況，つまり仕事と家庭の両立の困難という問題が存在する。また専門職，OL，派遣社員，パートタイマー，SOHO（Small Office Home Office）等，職業構造の多様化に伴い働く女性が増えたとはいえ，男女の賃金格差や「非正規」女性労働者の処遇の問題など解決すべき問題は山積みしている。

本章では，まず「いまなぜ女性労働が問題か」という視点から，資料にもとづき国内における女性労働の現状および世界の動きを概観する。そのうえで近年の法的整備状況を取り挙げ，制定の背景，趣旨，そして「理念」形成の意義について考察する。

つぎに女性労働問題の解決の方策は，日本型雇用慣行の改善の中にこそ存在するという認識のもとで，経営組織の日米比較，それぞれの組織特性と問題点，さらには仕事と家庭が両立しうるための方途を探索する。

2．女性労働事情

1）国内事情

① 労働力需給見通し

政府は「労働力確保のためにも女性に働きやすい環境を提供し，女性の能力発揮を促進していく事で，企業経営や経済の維持的発展，国民全体が豊かで質の高い生活を享受でき，生涯にわたり充実した職業生活が送れるようにするのが喫緊の課題である」[1]と言うが，その背景には，生産年齢人口（15歳〜64歳）の中長期的減少傾向という現実がある。労働力人口は，男女合わせて1999年6779万人から2005年には，6856万人と増加傾向にあるが，以後2010年には，6736万人へと減少が見込まれている。労働力率についても，同じく男女計1999年62.9％（うち女性49.6％）から2005年には61.6％（うち女性48.6％）へとかなりの減少が見込まれる[2]。

原因は少子化，晩婚化，非婚化そして高齢化であるが，ついに1997年には子供の数と高齢者の数が逆転，1998年の高齢者（65歳以上）比率16.0％に対し，子供（15歳未満）の比率は15.2％となった。また合計特殊出生率は，2003年（および'04年）には1.29（人口特殊出生率2.08）まで下がった。出生率の低下の原因が晩婚・非婚にあり，その一因が雇用者としての女性の就職率の高まりにあるとすれば，労働力率の低下→女性就職率の向上→労働力率のさらなる低下（少子化）という悪循環に陥ることになる。この構造を断ち切るには子育ての支援，すなわち「仕事と家庭の両立」支援が不可欠であり，政府も1995年以降「エンゼルプラン」の名のもとで低年齢児保育，延長保育，一時保育，保育所の整備充実等に取組んでいるが，現場においては，要望になかなか対応しきれていない実態がある[3]。

② 年齢階級別女性労働力率

女性の労働力を年齢階級別にみると，日本では20～24歳層（74.0％）と45歳～49歳層（73.0％）を左右のピークとし，30～34歳層（61.4％）をボトムとするいわゆるM字型カーブが依然として描かれている。底の部分については，1990年の53.5％よりやや上昇（61.4％）しており，若い女性が結婚・出産を機に必ずしも仕事を辞めない傾向を示しているが，小幅ながら明らかに変化が認められる（図9）[4]。これを諸外国の年齢階級別女性労働

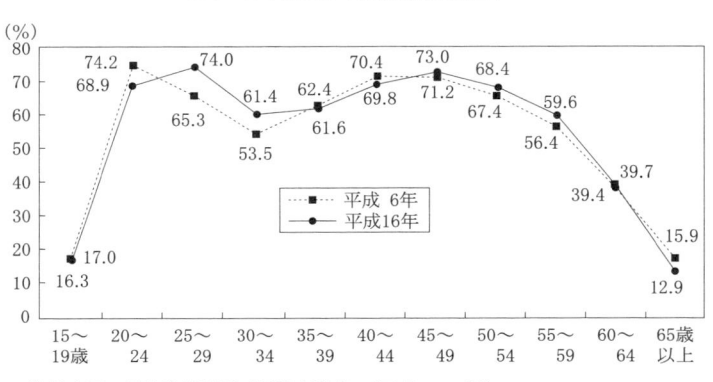

図9 日本女性の年齢階級別労働力率

資料出所：総務省統計局「労働力調査」（平成6,16年）。

100　第5章　ジェンダー型企業社会の終焉

図 10　諸外国の女性の年齢階級別労働力率

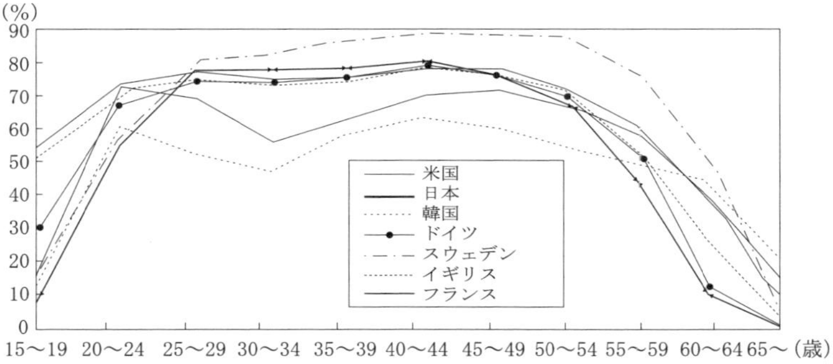

```
(%)
90
80
70
60
50                    米国
40                    日本
30                    韓国
20                    ドイツ
10                    スウェーデン
 0                    イギリス
                      フランス
15～19 20～24 25～29 30～34 35～39 40～44 45～49 50～54 55～59 60～64 65～(歳)
```

註：米国は，16～19 歳。
資料出所：米国，日本，韓国は．ILO, Yearbook og Labour Statistics 1999。ドイツ，スウェーデン，イギリス，フランスは，EU : Eurostat *Labour Force Survey Result 1997*。

力率と比較すると，女性の労働力率が日本と同様の M 字型カーブを描いているのは韓国のみで，他の諸国は逆 U 字型カーブを描いている（図 10）。[5]

労働力人口は，実際に働いている者以外に休業者も含むため，スウェーデンなどにおいては，育児休業制度の普及が労働力率を高めていると推測されるが，1975 年当時においては必ずしも逆 U 字型の形状をとっていたわけではなく，その後 20 歳代後半から 50 代にかけての女性の労働力率が大きく上昇し，現在の形状になったと言われている。

③「非正規」女性労働者の増加と賃金格差

総務省統計局「労働力調査」によると，2000 年の女性雇用者数は，2140 万人となり，前年に比べ 24 万人増加した。男性の雇用者数は 3216 万人，雇用者総数に占める女性の割合は前年比 0.3 ポイント上昇し，初めて 40％になった[6]。しかし，雇用形態からみると女性の「非正規」化が顕著である（図 11 及び図 12）[7]。なかでもパートタイム労働者の増加が著しく，女性労働者の約 3 割を占める。厚生労働省「雇用動向調査」によると，1999 年の女性パートタイム労働者の入職者数は 145 万 3200 人（前年比 23.1％増），離職者数は 135 万 700 人（同 15.6％増）となっており，出入りが激しい[8]。

問題は，パートタイマーと一般社員との待遇の差である。厚生労働省「賃

図 11 女性雇用者中の正規, 非正規雇用者数の推移

資料出所：総務省統計局「労働力調査特別調査」。

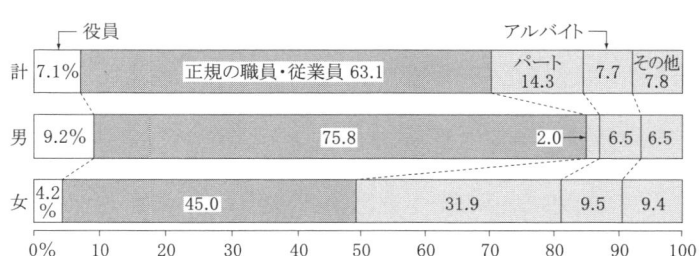

図 12 就業構造基本調査による雇用者構成比 (2002 年平均)

総務省統計局「就業構造基本調査報告」による。5 年ごとの調査。形態区分は，勤め先における呼称によるもの。その他は，派遣，契約，嘱託など。

金構造基本統計調査」によると，2004 年度は女性一般労働者の所定内給与額を時給換算したものを 100 とした場合，パートタイム労働者は 65.7 となっている（図 14）。

さらに男女の一般社員の賃金をみると，1999 年 6 月のパートタイム労働者を除く女性の一般労働者（平均年齢 37.6 歳）の決まって支給する現金給与額は，23 万円，うち所定内給与額は 21 万 7500 円であった。他方，男性一般労働者（平均年齢 40.6 歳）の決まって支給する現金給与額は 36 万 7200 円うち所定内給与額は 33 万 6700 円である。男女間の賃金格差（男性＝100）は，1999 年では，決まって支給する現金給与額で 62.8，所定内給与額で 64.6

となっている。これが一般労働者の約 3 割を占めるパートタイマーを含めて比較すると，その差がさらに大きくなるということは言うまでもない（図13）。

さらに女性一般労働者と女性パートタイム労働者の賃金格差についてみると，平成 16 年の女性パートタイム労働者の賃金をみると，1 時間当たりの所定内給与額は 904 円で，前年比 11 円増加している。平成 16 年の一般労働者の所定内給与額を時給換算したものを 100 とした場合，パートタイム労働者は 51.1 であるが，これを女性労働者についてみると，女性パートタイム労働者と女性一般労働者との賃金格差は前年同様 65.7％であった。（図 14）[9]

④ 女性管理職の比率

厚生労働省「賃金構造基本統計調査」（企業規模 100 人以上）により，管理職に占める女性の比率の推移を見ると，部長・課長・係長のいずれも長期的には上昇傾向にあるものの，1998 年では課長は 3.2％，部長は 2.0％にとどまっている。[10] 対して係長の伸びは大きく，1976 年時の 2.6％から 8.1％に増加している（図 15）。この様に女性管理職の比率は確かに増加しつつあるが，同時に中間管理職の予備軍としての係長の増加ペースの早さに比べ，課長職や部長職への昇進の動きが極めて鈍い状況が示されている。

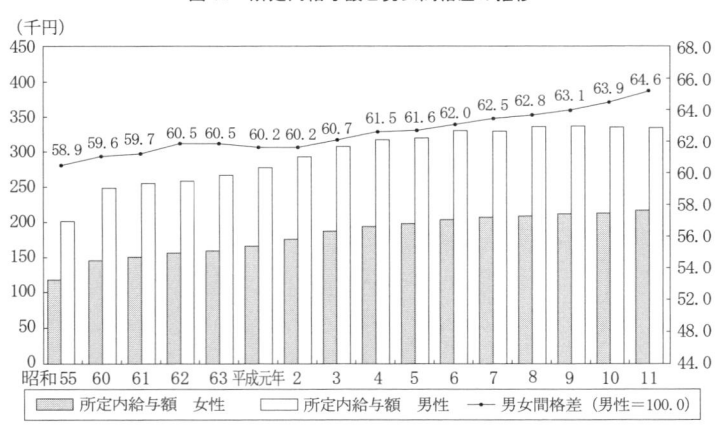

図 13　所定内給与額と男女間格差の推移

資料出所：厚生労働省「資金構造基本統計調査」。

2. 女性労働事情

図14 女性パートタイム労働者と女性一般労働者の賃金格差の推移

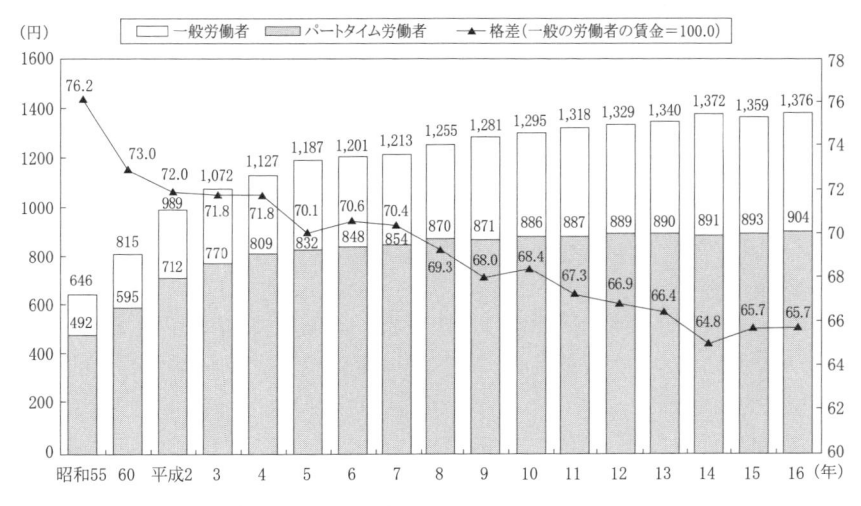

年	一般労働者	パートタイム労働者	格差（一般の労働者の賃金＝100.0）
昭和55	646	492	76.2
60	815	595	73.0
平成2	989	712	72.0
3	1,072	770	71.8
4	1,127	809	71.8
5	1,187	832	70.1
6	1,201	848	70.6
7	1,213	854	70.4
8	1,255	870	69.3
9	1,281	871	68.0
10	1,295	886	68.4
11	1,318	887	67.3
12	1,329	889	66.9
13	1,340	890	66.4
14	1,372	891	64.8
15	1,359	893	65.7
16	1,376	904	65.7

資料出所：厚生労働省「賃金構造基本調査」。

(注) 一般労働者の1時間当たりの所定内給与額は次の式により算出した。
　　1時間当たりの所定内給与額＝所定内給与額÷所定内実労働時間数

図15 管理職に占める女性の比率

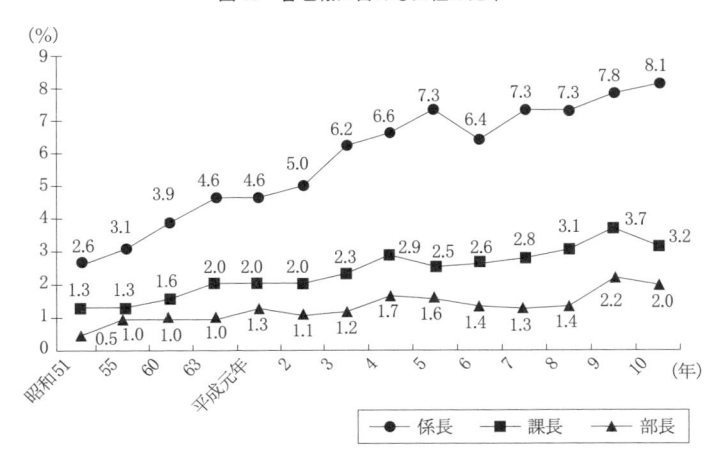

年	係長	課長	部長
昭和51	2.6	1.3	
55	3.1	1.3	0.5
60	3.9	1.6	1.0
63	4.6	2.0	1.0
平成元年	4.6	2.0	1.3
2	5.0	2.0	1.1
3	6.2	2.3	1.2
4	6.6	2.9	1.7
5	7.3	2.5	1.6
6	6.4	2.6	1.4
7	7.3	2.8	1.3
8	7.3	3.1	1.4
9	7.8	3.7	2.2
10	8.1	3.2	2.0

資料出所：厚生労働省「資金構造基本統計調査」。

2）世界の潮流

　女性地位の向上に関する国際的潮流の基礎には二つの流れがある。ひとつは，1975年133カ国の参加を得て採択された「メキシコ宣言」に始まる一連の世界女性会議を中心とする「女性行動プログラム」の流れである。他のひとつは，1979年国連第34回総会にて採択され，わが国も批准している「女子差別撤廃条約」およびその影響下で改正・充実をみてきた国際労働基準の流れである（表9）。

　まず，世界女性会議は国連の「女性の地位委員会」を拠点に，男女平等の気運を世界に広め，その成果を検証しつつ新たな行動指針・計画を具体化する中心的役割を果たしてきた。なかでも1995年の北京会議は，国連環境開発会議（1992年6月），世界人権会議（1993年6月），国際人口開発会議（1994年4月），国連社会開発サミット等，様ざまな国際会議の結果を集大成したものと評価されている。「行動綱領」および「北京会議」を受けて，日本は1996年に「男女共同参画2000年プラン」（男女共同参画社会の形成促進に関する2000年までの国内行動計画）を策定した。

　つぎに，女子差別撤廃条約は「あらゆる形態の」性差別の解消を取り決めたものとして画期的な条約であった。「女子差別撤廃宣言」が1967年に公布され，79年に採択され，各国の署名・批准を求めて81年に発効。わが国も1980年第2回世界女性会議（コペンハーゲン）で署名し，85年に批准した。当然ながら，雇用労働の国際基準であるILO（国際労働機関）に影響を及ぼす。

　1981年には，1965年制定のILO第123号勧告「家庭的責任をもつ婦人の雇用に関する勧告」に代え「家族的責任を有する男女労働者の機会均等及び平等待遇に関する条約（ILO第156条）および勧告（ILO第165勧告）」（通称「家族的責任条約および勧告」）が採択となり，家庭責任を男女両性を対象とするものに改定された。1995年6月，日本政府はILO家族的責任条約を批准し，翌96年6月に発効している。

　また1990年には，1948年の「工業に使用される婦人の夜業に関する条約

表9 女性を取り巻く日本国内外の動き

年	日本国内的な動き	国際的な動き
1975	・婦人問題企画推進本部の設置 ・婦人問題企画推進会議の設置	・国際婦人年 ・国際婦人年世界会議（第1回）の開催（メキシコシティ） 「世界行動計画」の採択
1976		・国際婦人の10年（1976〜1985）決定（目標：平等・開発・平和）
1977	・「国内行動計画」の策定	
1979		・「女子差別撤廃条約」の採択（国連第34回総会）
1980	・「女子差別撤廃条約」の署名	・「国連婦人の10年」中間年世界会議（第2回）開催（コペンハーゲン）「国連婦人の10年後半期行動プログラム」の採択
1981	・「国内行動計画後期重点目標」の策定	
1984	・「国籍法」の改正	
1985	・「男女雇用機会均等法」の制定 ・「女子差別撤廃条約」の批准	・「国連婦人の10年」世界会議（第3回）開催（ナイロビ） ・「西暦2000年に向けての婦人の地位向上のためのナイロビ将来戦略」の採択（目標：平等・開発・平和）
1986	・婦人問題企画推進部の拡充（22省庁に拡大） ・婦人問題企画推進有識者会議（婦人問題企画推進会議の後身）設置	
1987	・「西暦2000年に向けての新国内行動計画」の策定	
1990		・「婦人の地位向上のためのナイロビ将来戦略の実施に関する第1回見直しと評価に伴う勧告及び結論」の採択
1991	・「育児休業等に関する法律」の制定	
1992	・婦人問題担当大臣（内閣官房長官）の任命	
1993	・「短時間労働者の雇用管理の改善等に関する法律」（パートタイム労働法）の制定	
1994	・男女共同参画推進本部の設置	
1995	・「育児・介護休業法」の制定	・国連女性の世界会議（第4回）開催（北京）「行動綱領」と「北京宣言」の採択
1996	・「男女共同参画2000年プラン」	
1997	・「男女雇用機会均等法」の改正	
1999	・「パートタイム労働法」の改正 ・「男女共同参画社会基本法」の制定 ・「改正育児・介護休業法」の施行 ・「改正労働基準法」の施行	
2000	・「女性と仕事の未来館」の開館	・国連女性2000年会議（第5回）開催（ニューヨーク）

資料出所：赤岡功・筒井清子・長坂寛・山岡熙子・渡辺峻『男女共同参画と女性労働』2頁の表に加筆修正。

(第89号)」を改訂した新夜業及び勧告が採択となり，深夜業からの女性労働者のみの保護は消滅した。だが，その真意は「女性の深夜業の解禁」にあるのではなく，「母性保護は厚く，その他の女子保護はできるだけ少なくして，男女の保護へ」の方向にあると指摘される。[11]

　女性労働の雇用差別解消に向けたこのような世界の潮流に照らして，前節で検討した国内事情，すなわちM字型就業構造が示す「仕事と家庭の両立」の困難，男女間賃金格差，あるいは女性管理職比率の低さという現実を見る時，女性労働をめぐるわが国の法的整備状況は「少なくとも十年」は遅れているのみならず，むしろ「世界の潮流」にある種押し流されている感すら禁じ得ないのは，一体何故であろうか。

3）　法的整備

　日本国憲法第14条は「すべての国民は法の下に平等であって人種，信条，性別，社会的身分又は門地により，政治的，経済的，又は社会的関係において，差別されない」と規定しており，わが国では戦後はじめて男女平等が認められた。そして「均等法」が成立し，「女子差別撤廃条約」が批准されたのは，ナイロビ世界女性会議が開催された1985年であった。その後，とりわけ1999年には「パートタイム労働法」の改正，「男女共同参画社会基本法」の制定，改正「育児・介護休業法」および改正「男女雇用機会均等法」の施行等，働く女性を取り巻く法的環境が矢継ぎ早に整備・施行された。以下，主な関係法律を取り上げる。

一，改正「男女雇用機会均等法」
　1985年に制定された「均等法」は，依然として勤労婦人福祉法にみられた性別役割分業（家庭と仕事の両立を女性のみに求める）の理念を引き継いでいた。また法規制の範囲と効力の点からみて，余りにも現実妥協的で中途半端であった。[12]　その「不充分さ」と限界を克服すべく，1997年6月に抜本的に「改正」され，1999年4月から全面施行された（以下，改正「均等法」という。）

改正「均等法」はその目的について「この法律は，法の下の平等を保障する日本国憲法の理念にのっとり雇用の分野における男女の均等な機会及び待遇の確保を図るとともに，女性労働の就業に関して妊娠中及び出産後の健康の確保を図る等の措置を推進することを目的とする」（第1条）と明記している。主な改正点を以下に要約する。

㈠　募集・採用・配置・昇進・教育訓練，福利厚生，定年・退職・解雇について，女性に対する差別の禁止（努力義務から禁止規定へ）。

㈡　男女の労働者の間に生じている格差を解消するための企画の積極的取組みに対する国の相談その他の援助（ポジティブ・アクション）。

㈢　紛争解決のための機会均等調停委員会の開始は，紛争当事者の一方からの申請で可能。また調停申請等を理由とする不利益な取扱いの禁止（双方申請から一方申請へ）。

㈣　法の施行に関し必要な行政指導としての助言，指導，勧告を規定。また勧告に従わない場合に，労働大臣がその旨を公表（企業名の公表）。

㈤　職場におけるセクシャル・ハラスメントを防止するための雇用管理上必要な配慮を事業主に義務づけ（セクハラ防止配慮義務）。

㈥　妊娠中及び出産後の女性労働者の健康管理に関する措置の事業主への義務づけ（母性保護）。

以上，改正「均等法」では「性別役割分業の残滓」が取り除かれるとともに，女性が働き易い職場環境形成のためのセクハラ防止とポジティブ・アクション（積極的改善措置）が盛り込まれた。

二，改正「労働基準法」

労働基準法は，賃金・労働時間・休憩・休日及び年次有給休暇等の労働条件の最低基準を定めた強行法規である。1947年制定以来，最大規模の改正といわれる1999年4月1日施行の改正法では，

㈠　女性の職場の拡大を図り，男女の均等取扱いを一層促進する観点から，女性労働者に対する時間外・休日労働，深夜業の規制を解消。

㈡　母性保護の充実の一環として，多胎妊娠の場合の産前休業期間を10

週間から14週間に延長することになった。

三，男女共同参画社会基本法

　1999年12月に制定された「男女共同参画社会基本法」は，第1条において「この法律は，男女の人権が尊重され，かつ，社会経済情勢の変化に対応できる豊かで活力のある社会を実現することの緊要性にかんがみ，男女共同参画社会の形成に関し，基本理念を定め，並びに国，地方公共団体及び国民の責務を明らかにするとともに，男女共同参画社会の形成の促進に関する施策の基本となる事項を定めることにより，男女共同参画社会の形成を総合的かつ計画的に促進することを目的とする」と規定している。「男女共同参画社会の形成」の定義については，第2条において「男女が社会の対等な構成員として，自らの意志によって社会のあらゆる分野における活動に参加する機会が確保され，もっと男女が均等に政治的，経済的，社会的及び文化的利益を享受することができ，かつ，共に責任を担うべき社会を形成することをいう」と記している。

　基本法という性格から，このように抽象的・一般的表現が用いられているため，その実効性が問われるところではあるが，同年施行の改正均等法と軌を一にする形でポジティブ・アクションが導入された点が注目される。

四，育児・介護休業法

　1991年5月成立，翌92年施行。労働者の就業生活と家庭生活との「両立」を支援すべく，事業主が育児・介護休業の制度を設け，勤労時間短縮など，子供の養育と家族の介護を容易にするために講ずべき事柄を定めるほか，労働者支援のための方策を定めた法律である。背景には，1.57ショックといわれた出生率の低下（1989年）があり，制定当初は育児休業のみだったが，1995年の改正で介護休業が盛り込まれ，いずれも男女をともに対象としている。さらに1997年の改正では，育児・介護を行う労働者の深夜業の制限等が加わる。また1999年4月の「育児休業，介護休業等育児又は家族介護を行う労働者の福祉に関する法律」（育児・介護休業法）の施行によ

り，すべての事業所において，育児・介護休業制度が義務化されており，これらの法的整備（最終改正は1999年12月）により，「雇用均等行政は新たな階段を迎えた」と評価された[13]。

男性中心の雇用管理や家庭生活の下で働く女性の場合，どうしても仕事にプラスする形で家事・育児・介護が女性の側に求められる。その意味でこの法律は男女を対象としており，職業と家庭の調和・両立を「性別役割分業」から「両性による役割分業」へと大きくシフトされるものとして，「男女平等な支援策」へと歩を進めた画期的な立法と言えよう。

では「育児・介護休業」の実際の利用状況はどうか。介護休業の一律義務化及び深夜業制度の新設から半年後の1999年11月に実施された厚生労働省「女性雇用管理基本調査」によると，「介護休業」制度のある事業所は，事業所規模5人以上で40.2%（1996年度9.7%）と増加している。利用者の状況は，女性は0.15%，男性は0.01%であり，介護休業取得のうち女性は90.7%，男性は9.3%である。

「育児休業」制度のある事業所は，規模5人以上で53.5%（1996年度36.4%），30人以上で77.0%同（60.8%）とそれぞれ増加した。介護，育児共に事業所の規模が大きくなるほど，規定ありの割合が高くなる[14]。

出産者（配偶者が出産した男性を含む）に占める育児休業取得者の割合を性別にみると，女性は56.4%，男性は0.42%であり，育児休業取得者のうち女性が97.6%，男性が2.4%となっている。数字は特に男性の取得者が依然として少ないことを示す。

育児・介護休業法が制定されたにもかかわらず，実際には1年間の育児休暇を請求しない理由としては，休暇中の経済的問題（雇用保険からの給付は開始前賃金の25%だが，うち5%は終了して6カ月後に支給される），休職から復帰後の仕事への適応問題（技術革新，事業再編あるいはリストラの不安），また復帰後の育児問題（託児所や保育所利用の困難）等考え得るが，特に男性利用者の比率が極めて低い状況の背景には，日本的な組織風土，すなわち男性中心の日本型企業社会＝「ジェンダー型企業社会」経営が存在すると称するゆえんである。

以上，女性労働をめぐる問題の所在を明らかにするために，国内外の諸事情，すなわち国内においては少子高齢化の速度が予想以上に速く，2005年をピークに労働力率が低下する事情があること，他方世界女性会議を中心とする女性の地位向上のための国際的運動と法整備のうねりは大きく，わが国においても「世界の流れ」に促された形での国内法の整備が精力的に進められてきた事情をみてきた。開国以来「わが国は歴史の節目ごとに外圧を内なる変革の推進力へとうまく変換する能力を示してきた」と思われるが，女性をめぐるこれまでの労働行政においても同様の事情を読み取ることができよう。しかし同時に，改正「均等法」や「男女共同参画社会基本法」の第1条および第2条の規定に示される目的や理念が高邁であればある程，男女間の賃金格差や女性管理職の比率の低さ，あるいは根強い性別役割分業という現実とのギャップの大きさを痛感せざるを得ないのも事実である。男性中心の日本型企業社会とは何か。次節では，日本企業の組織特性とその下での働く女性の意識と行動をとおして「仕事と家庭の両立」支援という観点から，今後の課題を明らかにしたい。

3．日本型経営とジェンダー問題

1）寄木細工（「職務」中心型）と一枚岩（「ヒト」中心型））

　今日「世界の潮流」がわが国に与える種々のインパクトは，女性労働をめぐる法的整備の分野にとどまらない。構造改革あるいは日本型経営の終焉が叫ばれているなか，何がどのように変わろうとしているのか，座標軸を見据えたうえで「ジェンダー・フリー」社会の実現可能性を問う必要がある。

　ところで，第3章で述べたようにわが国における「国際化」は自動詞としての国際化，すなわちわが国自体が国際基準を採用し，種々の意味で「欧米化」を進める「日本の欧米化」と他動詞としての国際化，すなわち日本の制度，慣習，「やり方」を海外に広める「外国の日本化」と二義的に用いられる。前者に立てば，日本経済の「批判論」そして後者が「擁護論」に結びつくと指摘したが，近年日本経済の不振を背景として，前者しかも欧米化＝ア

メリカ化の意味で用いられることが多い。そこで本節では、ジェンダー型企業社会の行方という視点に立って、いま一度アメリカ型組織「寄木細工」（Ａタイプ）と日本型組織「一枚岩」（Ｊタイプ）の組織特性を明らかにしたい（図３，41頁参照）。

① 組織＝「職務の体系」か，「人間集団」か

「ジェンダー視点」に立って図３（41頁）「寄木細工的組織 vs 一枚岩的組織」の基本的特徴を抽出すれば、以下の３点に要約される。

(1) Ａ，Ｂ，Ｃ…の符号がＡタイプではシゴト（Job）を意味し，Ｊタイプはヒト（Man, Person）を連想させる（組織ユニット）。

(2) 階層について。Ａタイプは、役割・機能の結合体として「目的―手段」の連鎖体系を形成。他方、Ｊタイプは、三角形（集団）を単位とした「上位システム―下位システム」の連鎖を形成している（階層）。

(3) 職務間（ないしヒトとヒトとの）関係が、Ａタイプはタイトに結合されているのに対してＪタイプはルースに結合している（ユニット間関係）。

アメリカ企業の６～７割では、職務記述と定量的職務評価制度によって運用される職務給制度を用いていると言われている[15]。Ａタイプの下では職務間関係が明確であり、かつ仕事の難易度と重要性に応じて序列（階層化）が明確であれば、報酬や昇進経路において学歴、年齢、性別といった属人的差違が入り込む余地は少ないと思われる。またわが国において「ワークシェアー」導入如何をめぐってしばしば議論の対象となる「多能工」と個人別業績評価の比較困難の問題も、職務給制度の下では差程重要ではなくなる。働く女性の立場に立って両者を比較した場合、一枚岩組織の下でありがちな「人間集団」ゆえの様ざまな社内イベント（歓送迎会、忘年会など「お付き合い」）を目的とした職務外活動（social activity）から解放される「寄木細工型組織」の方が働き易い。

② 労働市場＝「横断的」か，それとも「縦断的」か

Ｊタイプが「学卒一括」採用および内部昇進型の縦断的（内部）労働市場であるのに対し、Ａタイプは「横断的」である。したがって、職務担当者が不適確だと判断されれば、Ａタイプでは外部市場から「容易に」取り換

え可能であるのに対し，Jタイプでは「仕事に就きながら」(OJT) なんとか配置転換でやりくりする。中途採用を含めて外部市場からの労働力の調達コストより，社内での養成コストの方が，結局のところ「安あがり」とみなされるのである。組織内部での労働力の養成，そのための長期雇用を前提とするかぎり，結婚・妊娠・出産・子育てにより中断しがちな女性労働が歓迎されないということは言うまでもない。女性が（男性と共に）生活のリズムに添った形で働くことができるためには，横断的労働市場の成立を可能にするような採用・訓練・昇進のしくみが用意されていなければならない。ここにおいても，働く女性はAタイプを歓迎する。

③　組織＝「道具」か，「協働体」か

最後に管理スタイルについて。寄木細工的組織（Aタイプ）では，共通目的の下，各担当者が自らの役割・機能を十分発揮すべく全体がよく「統制」されている必要がある（組織＝「道具」）のに対して，一枚岩の方は各参加者の「合意」が重視される。しかも，点線が示すように全体が「イエ」（組織＝「協働体」）概念（コンセプト）で統合されたマネジメント・スタイルをとる。

合意形成に関して，既述のごとくわが国における労使関係が欧米のそれとは異なり，相補関係として成立していると指摘する奥田健二によれば，「相補的関係では，お互いが異質な存在でありながら，しかも相手の性格を分かち持っていることがわかる。（中略）これを労使関係でおきかえてみると，労と使の二つの部分は，相対立する異質の原理に立っているが，しかしお互いに性を分かち合う点もまたあるという存在である。」[16] 労使関係ですら相補性を求める日本の組織が，点線で示す「イエ」概念（「ウチの会社」意識）で統合されるとき，限りなく凝集性および「同質性」を求めることは明らかである。種々の意思決定プロセスにおいて「是是非非」よりも「カシ・カリ」の論理が働き易い世界においては，女性労働は馴染み憎い。日本型経営の強みのひとつと目される「組織凝集性」もしくは「組織忠誠心」の高さは実は，長期・連続雇用が困難な女性労働を意思決定の中核から排除したうえでのはなしであった。

要するに，日本型経営の組織特徴を「一枚岩」とモデル化してみた場合，より「ジェンダー型」経営に陥り易い構造特性をもっているということである。したがって「ジェンダー・フリー」もしくは共同参画型経営の可能性を模索するにあたっては，このような日本型経営の終焉の可能性を問うことになる。その方向が，直ちに「一枚岩」から「寄木細工」への転換を意味するものではないことについては後述するが，次節ではより実態に即した形で問題の所在を明らかにするために，変革の主体的条件という視点から働く女性自身の意識と行動をみる。

2） 働く女性の意識と行動

① 女性労働者の意識変化

まず，就業意識の推移について。総理府「男女共同参画社会に関する世論調査」（2000年）によれば，「女性は職業をもたない方が良い」と考える女性は，年々減少する傾向にある。対して「子どもが大きくなったら再び職業をもったほうがよい」（再就職希望）および「子どもができても，ずっと職業を続けているほうがよい」（継続就業希望）と考える女性の比率は常に高いが，前者が徐々に減少傾向（1987年51.9％から2000年39.8％へ）にあるのに対して，後者の上昇率（1987年16.1％から2000年34.4％）が顕著である（表10）。[17] このような就業意識の変化が，M字型就業構造の谷の深さを幾分緩和しつつあると思われる。

しかし，日本は，先進国の中では，依然目立ってM字型就業構造を形づくっているのも事実である（図10，100頁）。「仕事をやめる理由」は何か。日本労働研究機構「女性と仕事に関するアンケート」（平成8年）によれば，第一が「時間的，体力的に困難」（無業者68.4％），第二が「もともと退職するつもり」（同54.4％），その他「仕事に魅力がなかった」（同35.4％），「夫や家族が望んだ」（同33.5％）の比率が高い（図16）。

「時間的，体力的に困難」，「夫や家族が望んだ」，「両立できなかった」は，いずれも「仕事と家庭の両立の困難さ」を示しており，「もともと退職するつもり」，「仕事に魅力がなかった」，「職場の雰囲気」等は，「長期的キャリ

114　第5章　ジェンダー型企業社会の終焉

表10　就業意識の推移（女性）　　　　　　　　　　（％）

		昭和59年	昭和62年	平成4年	平成7年	平成12年
年齢計	女性は職業をもたない方がよい	6.1	3.4	2.8	4.1	3.9
	結婚するまでは，職業をもつ方がよい	11.1	10.2	10.8	7.4	6.9
	子どもができるまでは，職業をもつ方がよい	10.6	11.3	11.1	10.8	9.4
	子どもが大きくなったら再び職業をもつ方がよい	45.3	51.9	45.4	39.8	39.8
	子どもができても，ずっと職業を続けている方がよい	20.1	16.1	26.3	32.5	34.4
	その他	—	—	1.3	2.4	2.4
	わからない	6.9	7.0	2.3	2.9	3.3

資料出所：　総理府「男女共同参画社会に関する世論調査」（2000年）より抜粋。

図16　結婚・出産・育児を機に仕事をやめた理由（回答3つ）

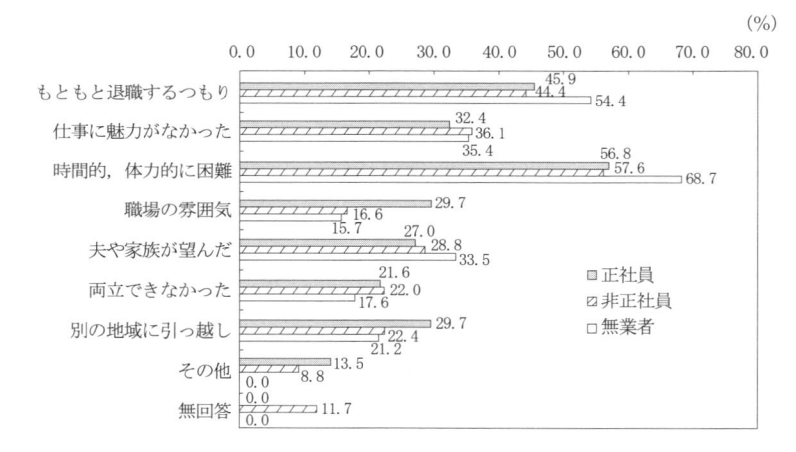

（％）

理由	正社員	非正社員	無業者
もともと退職するつもり	45.9	44.4	54.4
仕事に魅力がなかった	32.4	36.1	35.4
時間的，体力的に困難	56.8	57.6	68.7
職場の雰囲気	29.7	16.6	15.7
夫や家族が望んだ	27.0	28.8	33.5
両立できなかった	21.6	22.0	17.6
別の地域に引っ越し	29.7	22.4	21.2
その他	13.5	0.0	8.8
無回答	0.0	0.0	11.7

資料出所：日本労働研究機構「女性と仕事に関するアンケート」（1996年）。

ア展望の可能な職場づくり」あるいは「働き甲斐・やり甲斐のある仕事の提供」の必要を物語っている。継続就業の希望者は年々増加傾向にあるが，それを可能にする「家庭づくり」，「職場づくり」の条件が整っていないと言えよう。

　つぎに女性管理職が少ない理由は何か。まず事業主はどう考えているか。労働省婦人局の報告によると，「必要な知識や経験，判断力等を有する女子がいない」が約半数（48.1％）を占め，つぎに「勤続年数が短く，役職者に

なるまでに退職する」(35.2%),「将来就く可能性のある者はいるが,現在役職に就くための在職年数等を満たしている女子はいない」(30.4%) が高い比率を占める(図17)。

管理職という職位が年功序列的に形成されている点を差し引いても,女性と言わず一定の勤務年数を要する点は首肯できる。しかし,「必要な知識や経験,判断力を有する女子がいない」というのは,正直な回答ではあろうが,そもそも将来管理職たり得るような知識や経験を積み重ね得る仕事や部署が女性に与えられているかという疑念を禁じ得ない。また「女子が希望しない」(15.3%) という項目が気になる。

そこで,働く女性自身の「昇進・昇格」意識についてはどうか。これは熊本県のケースだが,1999年の商工観光労働部調査によると,男性同様,女性についても昇進・昇格の機会を有する事業所は67.4%あり,男性同様に昇進・昇格を希望する「意欲」的女性が48.5%。他方,積極的には昇進・昇格を希望しない女性も41.6%を占めている。その理由は「管理職に魅力を感じ

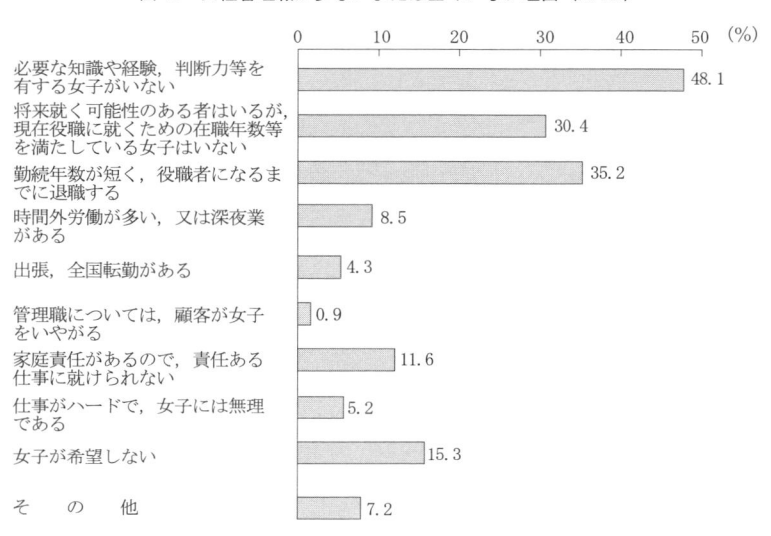

図17 女性管理職が少ないまたは全くいない理由(M.A.)

理由	%
必要な知識や経験,判断力等を有する女子がいない	48.1
将来就く可能性のある者はいるが,現在役職に就くための在職年数等を満たしている女子はいない	30.4
勤続年数が短く,役職者になるまでに退職する	35.2
時間外労働が多い,又は深夜業がある	8.5
出張,全国転勤がある	4.3
管理職については,顧客が女子をいやがる	0.9
家庭責任があるので,責任ある仕事に就けられない	11.6
仕事がハードで,女子には無理である	5.2
女子が希望しない	15.3
そ の 他	7.2

資料出所:労働省婦人局編『働く女性の実情』21世紀職業財団,1995年,83頁。

ない」(46.2%),「気楽に働けなくなる」(36.3%),「家庭との両立が難しい」(34.2%),「仕事中心の生活になる」(32.3%)である(図18・図19)。

「管理職に魅力を感じない」あるいは「気楽に働けなくなる」という「消極的」女性たちの存在をどう評価すべきか,ひとり女性だけの問題ではないのかも知れない。しかし,3割以上の女性たちが「家庭との両立が難しい」と感じていることだけは確かである。

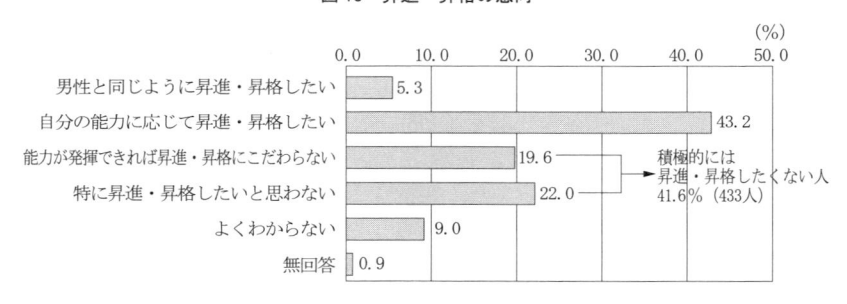

図18 昇進・昇格の意向

	(%)
男性と同じように昇進・昇格したい	5.3
自分の能力に応じて昇進・昇格したい	43.2
能力が発揮できれば昇進・昇格にこだわらない	19.6
特に昇進・昇格したいと思わない	22.0
よくわからない	9.0
無回答	0.9

積極的には昇進・昇格したくない人 41.6%(433人)

資料出所:熊本県商工観光労働部『くまもとの働く女性』(1999年)126頁。

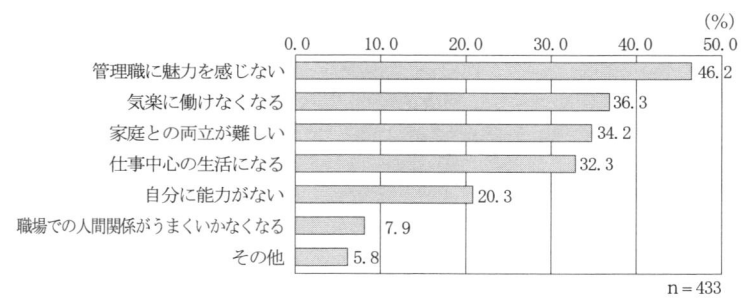

図19 昇格・昇進したくない理由

	(%)
管理職に魅力を感じない	46.2
気楽に働けなくなる	36.3
家庭との両立が難しい	34.2
仕事中心の生活になる	32.3
自分に能力がない	20.3
職場での人間関係がうまくいかなくなる	7.9
その他	5.8

n=433

資料出所:同上,126頁。

② 「芝信金訴訟」1996年11月東京地裁

芝信用金庫(東京・港区)では,女性であることを理由に昇格・昇進で差別され,その結果賃金も男性と大きく差がついているとして,女性職員ら

13人が同金庫に対し，男性と同等の資格・地位の確認と賃金差額や慰謝料約2億3000万円の支払いを求めた。林　豊裁判長は11人について「課長職の資格のあることを確認，定年退職した1人を含む12人に差額賃金計1億円を支払うよう同金庫に命じた。」[18] 同信金では1968年職能「資格」による賃金体系を導入，10年後の1978年10月に「昇格試験制度」へ変更している。その結果男性職員については，勤続16年でほぼ全員が係長となり，のち6～7年で副参事や課長職に昇進している。また「試験制度」導入後も，男性は試験と無関係に「特別措置」により副参事や参事へ昇格したケースがあり，1981年には書記一級で33才に達した者は，自動的に主事に昇格できる「自動昇格制度」も実施している。他方，女性職員については2000名の従業員のうち，係長は9名，副参事に昇格した者は，僅か1名のみであった。

　この訴訟は「均等法」が施行されてから初めて起こされた裁判であったが，試験制度という形式上の機会均等があっても，配置や訓練の実態に実質上の差別＝結果の不平等が存在すれば，いわゆる「間接差別」が認められるとした点で注目された。その後上告され，2002年10月21日最高裁第二小法廷（梶谷　玄裁判長）にて和解案が提示され，和解が成立した。和解条項は，差額賃金と慰謝料を求めた二審・東京高裁判決と実質的に同じ内容で(1)同信金は，12人の女性を課長職に昇格させる，(2)現在までの差額賃金や慰謝料，弁護士費用など計2億2000万円を「解決金」とするというものであった。[19] それにしても，提訴から東京地裁判決まで約9年と5カ月。さらに和解成立まで5年11カ月，計約15年と4カ月間という「長き闘い」の意味するものは，裁判制度の機能上の問題というよりは，むしろ女性労働をめぐるこの国の雇用慣行の根深さを示している。

3）「両立」視点からの検討

　女性が生き生きと働き続けるためには，何が改善されるべきか。芝信金の事例は長きにわたる男女間の賃金格差の存在と同時に，職場における間接差別もしくは統計的差別（結果の不平等）の実態を示した。また継続就業希望者が年々増加しているにもかかわらず，依然としてM字型就業構造を脱し

ていない理由，そして女性自身，管理職への昇進・降格を必ずしも希望していない理由は，結局のところ「仕事と家庭の両立の困難」にある。つまり，職場においては，長期雇用の前提の下で学歴・年齢・性別を重視しつつ，ひたすら「同質性」を追及しつづけてきた日本的組織風土の改革が必要であろうし，家庭においては，男性を含めた「仕事と家庭の両立」（ワーク・ライフ・バランス），そのためには男性の側の「意識改革」と育児・介護への参加が求められよう。職場と家庭に深く根差した性別役割分業，それをジェンダー型企業社会と呼ぶならば，女性労働問題はまさにそのような「企業社会」そのものの変革に関わる。ここで再び「寄木細工的組織」と「一枚岩的組織」について，「家庭」との関わりまで視野を拡げて，社会構造のレベルで検討したい。

結論から言えば，大量生産，大量消費，そして大衆の所得の向上を特徴とする 20 世紀型の産業社会の形成という意味では，寄木細工（A タイプ）も一枚岩（J タイプ）も共に大いに貢献してきた典型（モデル）といえる。A タイプは「横断的労働市場」の成立を前提とする「市場主義的」資本主義の下で，また J タイプは「縦断的（内部）労働市場」を特徴とする「組織主義的」資本主義の下で経済中心の競争社会を形成してきた。ただし，「仕事」生活（Working Life）と「家庭」生活（Family Life）と「社会」生活（Community Life）のかかわり方に関しては対照的である。（図 20）。

いずれも「職場」と「家庭」の間には明確な一線が画されている。生活 A タイプにおける職場（WL）は，職務の担い手としての個人が飽きることなく「経済ゲーム」を展開できる「市場の論理」が優勢な世界である。他方，

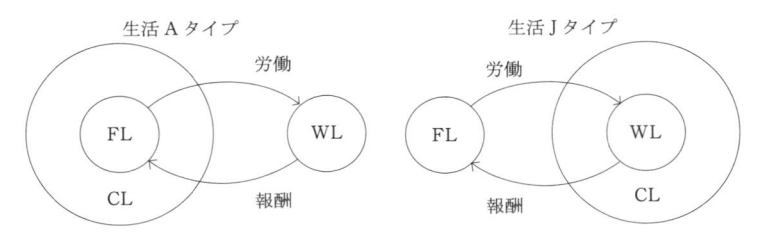

図20 「仕事・家庭・社会」生活の 2 類型

生活 A タイプ　　　　　　　　　　　生活 J タイプ

生活 J タイプにおけるそれは「イエ」概念の下で会社＝仕事場では「仕事もするが（社会）生活もしている」集団参加的で「組織の論理」が優勢な世界である。

　生活 A タイプでは個人業績が公平かつ客観的に評価され易いという意味で，女性にとっては働き易い職場であろう。ただし，そこは徹底したビジネスの世界であるため，精神生活は男女共に「家庭」の周り（たとえば，教会，クラブ，ボランティア活動等）で営むこととなる。生活 J タイプでは，社会生活（CL）が職場の周辺にあるので，「家庭」生活（FL）が犠牲になり易い。女性労働の視点からは，個人業績評価が難しい構造（しくみ）になっているので，既述のごとく極めて働きにくい世界だということ，言うまでもない。

　つまり，生活 A タイプでは精神生活と経済活動が分離しがちだという意味において，また生活 J タイプの下では，働く人びとは常に「家庭崩壊」の危険に晒されているという意味において，いずれも社会病理を深め，結果として社会コストを高めてきたのである。家庭の崩壊は「人間の崩壊」であり，人間の崩壊は「国の崩壊」に他ならないとの認識に立って，仕事と家庭と社会生活のバランスのとれた社会づくりを目指すべきである（図21）。[20]

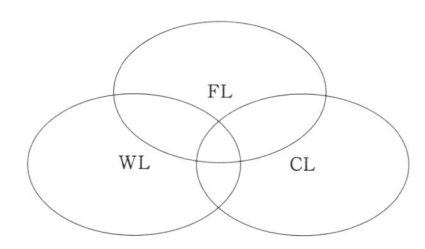

図21　「仕事・家庭・社会」生活均衡モデル

4．おわりに

　仕事・家庭・社会生活の均衡のとれた社会づくり，そのための条件は何

か。それは育児休業・介護休業制度の定着・促進はもとより，男性・女性を問わず職業生活と家庭生活の両立可能な諸条件を整えること。そして家事・育児・介護「業務」の家庭内ワークシェアーがスムーズに行われるための条件とは何かを意味する。

　まず，行政にできること。日本の税制は1949年のシャウプ勧告を受けて個人単位方式を採り入れてきた。その結果，所得のある妻は税制上，夫とは独立した個人として課税対象になった。しかし配偶者控除や配偶者特別控除の背景には，世帯ベースの考え，「家」制度がある。現政府の下，配偶者特別控除制度は廃止されたが，税収面での国民の「痛み」の実践というより，勤労家族の「意識改革」効果の面で評価されるべきであろう。労働自体に性別・年齢・身分は関係ない。女性が労働者として自立・独立するためにも税制や年金等の社会保険制度は個人ベースに変えていくことが望ましい。

　つぎに事業主にできること。それは「同一労働・同一賃金」の精神（「労働基準法」第四条）にのっとり，「正規」労働者と主として女性が担い手である「非正規」労働者の賃金体系，福利厚生，その他の労働条件を統一化すること。そして，かつて日経連が提言した「属人評価（性別，年齢，学歴等）による単線型の集団主義管理から能力主義をベースにした複線型の個人管理主義」（『新時代の「日本的経営」』）[21]への転換を実現することである。ただし，「能力主義」と言うばあいの「能力評価」の方法あるいは「能力養成」の内容が問題であること，芝信金の事例で見たごとくである。その意味では，ライフ・スタイルに合わせた多様な就業形態を可能にするという点で「職務評価」と「職務格付」をベースとする「職務給」制度の本格的導入を試みる必要もあろう。

　無論，2-3）で見たごとく女性労働をめぐる社会政策的・法制的環境が除々に整備されてきたことは大いに評価される。たとえば，1993年に成立した「短時間労働者の雇用管理の改善等に関する法律」（パートタイム労働法）は，'99年に改正・強化された。しかし，女性のパートタイマーの時間当たりの所定内の給与額がフルタイマーの約6割という現実をみる時，法と実態，理念と現実のあまりにも大きいギャップに慨嘆せざるをえない。因み

に1994年ILOが採用したパート労働に関する条約は、パートであることを理由に賃金を低くすることを「禁止」し、またその他の権利、労働条件、社会保障も比較可能なフルタイマーと比例するように明記している。

　最後に、総じてわが国は「生産者の論理」から「生活者の論理」へのパラダイム転換期にあることを指摘したい。「家政」を本源的経営そして「企業」を派生的経営と規定し、両者のうちで「家政」を重視したのは、ドイツ規範論的経営経済学者のH. ニックリッシュ[22]であるが、戦後わが国の経済体制は「復興期」、「成長期」そして「安定期」をとおして、家政＝家庭については、人間が「労働力」を再生産する場所と考えてきた。それは企業＝生産者の論理にもとづき、性別役割分業を強化する基本的考えであった。今日、その経済体制の崩壊が求められている。男性中心のジェンダー型企業経営のあり方が根本から問われているのである。今後は「家庭」は労働力の再生産の場ではなく、生産者たる「人間」の再生産の場と捉え直す必要がある。生産者の論理が、手段適合性＝形式合理性を重視するのに対して、生活者の論理は、人間的、総合的、全体的であり、活動（仕事）自体の実質的な意味＝実質合理性を問う。21世紀が仕事と生活のバランスのとれた相互循環型社会の実現を目指す時代だとするならば、生産者＝企業の利益のみならず、社会的利益を前提とした新たな社会づくりを目指すこととなろう。

注
1)　厚生労働省「男女雇用機会均等対策基本方針」2000年, 2頁。
2)　同上書, 17頁。
3)　赤岡功・筒井清子・長坂寛・山岡熙子・渡辺峻『男女共同参画と女性労働』ミネルヴァ書房, 2001年, 3頁。
4)　厚生労働省雇用均等・児童家庭局編『平成12年度版　女性労働白書』21世紀職業財団, 2001年, 3頁。
5)　総理府編『平成12年度版　男女共同参画白書』大蔵省印刷局, 2000年, 38頁。
6)　厚生労働省雇用均等・児童家庭局編, 前掲書, 9頁。
7)　同上書, 18頁。
8)　同上書, 36頁。
9)　厚生労働省雇用均等・児童家庭局編『平成16年版　女性労働白書―働く女性の実情―』27-28頁。
10)　総理府編, 前掲書, 52頁。
11)　山岡熙子「女性の平等参画理念の現時点と経営改革」組織学会編『組織科学』第30巻第2号, 白桃書房, 1996年, 17頁。

12) 大脇雅子『均等法時代を生きる』有斐閣，1987 年，19 頁．
13) 筒井清子「女性雇用の現状分析と男女共同参画経営のための条件」日本労務学会『日本労務学会誌』第 1 巻第 1 号，1999 年，7 頁．
14) 『朝日新聞』2001 年 12 月 27 日付．
15) 渡辺聰子『ポスト日本型経営』日本労働研究機構，1997 年，66-101 頁．
16) 奥田健二「グローバリゼーションと日本型経営」日本労務学会編『第 23 回大会日本労務学会年報』1994 年，84 頁．
17) 厚生労働省「男女雇用機会均等対策基本方針」2000 年，32 頁．
18) 『日本経済新聞』1996 年 1 月 28 日付．
19) 『朝日新聞』2002 年 10 月 25 日付．
20) 「仕事と家庭の両立」に関連して，市内企業約 2000 社の社長に対して，小・中学生をもつ父親の従業員に「授業参観への出席」を勧める依頼文を出した光武 顕佐世保市長の試みは注目に値する．惜しむらくは，発案が「市の教育を考える市民会議」からではなく市の「経営者団体」であって欲しかった（「社員の父親参観，社長が勧めて！」『朝日新聞』2002 年 7 月 10 日付）．
21) 日本経営者団体連盟，新・日本的経営システム等研究プロゼクト編『新時代の「日本的経営」：挑戦すべき方向とその具体策』1995 年 5 月．
22) 数家鉄治『日本的システムとジェンダー』白桃書房，1999 年，57-62 頁．今井光映『ドイツ家政学・生活経営学』名古屋大学出版会，1994 年，83-91 頁参照．

第6章

補論：現代管理論の特質
―行動科学的アプローチ再考―

1. 行動科学

　アメリカにおける経営管理や労務管理は，1950年前後をひとつの転機として新たな時期を迎える。それまでの人間関係論における従業員の満足・モラール・生産性のあいだの必然的関連性が，その後の実験や調査によって疑問視されるに到り，いわゆる行動科学（behavioral sciences）からの諸研究成果を踏まえて，動機づけ，リーダーシップ，意思決定，組織開発などへの新たな関心が高まり，それらによる管理論の再構築が試みられはじめたからである。

　行動科学的経営学は，バーナードに端を発し，サイモンによって展開をみた組織論的管理論と，マズローやマグレガーらのモラールやリーダーシップに関する研究をふまえた行動科学的労務管理論の二方向において捉えることができる。本章では，まず各々の領域における主要な諸説を概観する。ついで両者に共通する基本理念として組織観および人間＝労働者観をとりあげ，行動科学的思考の強い影響下にあると思われる現代管理論の特質を明らかにしたい。

1）行動科学的アプローチ

　人間行動の研究に対して，生理学，生物学，心理学，社会学，文化人類学，経営学，経済学等の境界を越え，学際的アプローチをとろうとする社会科学の方法を行動科学という。1950年代初め頃から登場し，人間行動の生理的，心理的基礎から社会行動，さらには国家間関係に到るさまざまなレベ

ルでの人間研究をめざす新しい科学であるが，一般的に次のような特徴がみられる。

　ひとつは，本来自然科学的志向を強くもっており，規範論というよりも，事実をありのままに分析していく記述論の立場をとり，さらに論理実証主義の上に立って経験的に検証可能な理論を構築せんとするものである。少なくとも最初に「行動科学」という言葉を用いた心理学者のミラー（Miller, J. G.）[1]は，小はウィルスから大は社会全体に到るまでの生命システムの行動を説明できるような一般行動システム論（general behavior systems theory）の樹立をめざして，自然科学で展開された経験科学の方法（数量化，記号化そして実験）をできる限り厳密に適用することによって，既存の種々の学問領域の成果を学際的に統合せんとした。

　他のひとつは，実践的志向の強さである。元来，第一次世界大戦前後の頃から，アメリカの社会科学の一般的傾向として自然科学的志向の強さに加え，政策科学的志向の強さが認められるが，大恐慌を体験し，両大戦を経た1950年代は，国家政策の立案にあたって，社会科学の成果を有効に利用しようとする傾向がますます強まった時期でもある。政策科学を志向する以上，諸学問領域による協働は不可避であり，そのときどきの課題解決のためには利用可能な既存の諸科学の成果を結集しなければならない。

　かくして行動科学は，人間行動についての統一科学としての一般理論を確立すべく登場したのであるが，現実には，ミラーが当初意図したごとく社会科学の全体を統合化するには到らず，個別の社会科学の存立を前提としながら，共通の研究対象にたいして諸科学間の学際的アプローチをおこない，もって人間行動を説明・予測・統制することを企図する実践性の強い科学運動の総称となった。

2） 現代管理論

　現代管理論はバーナード（Barnard, C. I.）によって創始され，サイモン（Simon, H. A.）やマーチ（March, J. G.）らによって継承された理論である。それは組織を「意識的に調整された人間行動のシステム」と捉え，組織

における人間行動の解明をとおして管理職能の内容を明らかにしようとする。人間関係論が，ホーソン実験をとおして人間の没論理的行動に焦点をあて，非公式組織の解明を手がけたのにたいして，彼らは人間の意識的・合目的的行動に着目し，理論的な考察をとおして組織の本質を明らかにし，組織行動論の展開をもって管理課題を探ろうとしている。現代管理論が組織論的管理論と称されるゆえんである。

　現代管理論の特質は，まず何よりもその根底にある人間把握の仕方にある。

　バーナードは「人間」の特徴として　① 活動ないし行動，その背後にある　② 心理的要因，それに加えて　③ 制約された選択力，その結果としての　④ 目的，を挙げている。[2] それは一言でいえば，人間を主体的意思決定者とみなし，しかもその意思決定能力＝選択力には限界があるという考え方である。個々の人間は目的達成を目指して行動するが，種々の制約に直面し，それを克服するために「協働」を成立せしめる。ところが，ひとたび成立した協働システムにおいては，人びとの間に新たな人間関係が形成され，個々の動機に変化が生じるとともに，成立した協働システムそのものが各参加者とは別個の独立した一個の存在として独自の性格を有するに到る。つまり，協働システムにおける人間は，参加によって得られる誘因（incentives）と協働にともなう貢献（contributions）とを絶えず比較秤量し，純満足を追及する個人人格の側面と，他方，非個性的な協働行為の機能的担い手として，いわば協働目的達成の分担者としての組織人格の側面とを併せもつ二重性を帯びた存在となる。かくして，このような二つの側面を併せもつ各参加者に対して，いかにして個人人格にもとづく「主体的」意思決定に働きかけ，つねに組織人格を保持し続けるように仕向けるかが，管理者にとっての実践的課題となる。

　バーナードは管理職能の本質は組織の形成およびその維持・存続にあるという考えのもとに，多様な協働システムに共通する本質的要素として組織概念を抽出した。すなわち公式組織は「意識的に調整された人びとの諸活動ないし諸力のシステム」と定義される。意識的な活動体系ということは，そこ

には合目的的，すなわち，なんらかの意味での ①共通目的（common purpose）が存在するということであり，活動体系であるためには，人びとの活動の確保，すなわち協働への ②貢献意欲（willingness to cooperate）が不可欠なことを示す。また人びとの活動が共通目的の達成へ向けて調整されたものでなければならないということは，意欲を目的達成へ結合するための ③伝達（communication）体系が必要なことを意味する。これらの3要素がそのときの外部事情に適合する形で結合されたとき，組織は成立し，さらに外部事情の変化に応じてつねに適合関係を維持する限り存続する。そこには，組織目的が環境に対してつねに適合的であるか否かの問題と同時に，組織と個人との間の誘因と貢献のバランスの問題がある。前者は組織の有効性（effectiveness）の問題であり，後者は能率性（efficiency）の問題であるとされる。ここに有効性とは目的の達成度を意味し，能率性とは個人の動機満足の程度を示す言葉として用いられている。

　ところで，すべての参加者に対して，かれらの貢献を上回る誘因を組織が提供し得るためには，誘因の原資の確保，すなわち組織目的の効率的達成が不可欠の前提となる。このことから，組織存続つまりは人びとの協働行為を継続的に維持するための管理者の職能は，つまるところ有効性と能率性の同時達成，すなわちバーナードのいう組織均衡をいかに維持するかということになる。ところで①共通目的②貢献意欲③伝達体系が組織成立の三要素であり，そのバランスを内的均衡と言う。たいして，有効性と能率の同時達成は外的均衡と言う。すなわち組織が成立し，存続するための要件は内外均衡の同時達成ということになる。

　このようなバーナードの人間観，組織の理論および管理論は，前述のごとくサイモンやマーチらによって継承・発展せしめられる一方，1960年代に入り著しく増大する行動科学者たちの実験や調査研究に少なからず影響を及ぼすことになる。以下においては，単に実験や調査研究を積み重ねるだけではなく，自分自身の理論仮説を樹立し，且つ労務管理の実際的展開に今日でも大きな影響を与えていると思われる人びとの諸説をとりあげることにする（表11参照）。

表 11

領域	組織観 理論家	階層的指揮・命令		参加的・自己管理・チーム形成的
動機づけ理論	マズロー	生理的欲求，安全，安定欲求	所属欲求・他人から認められたい欲求	自己実現・成長欲求
	ハーズバーグ	衛生要因		満足・動機づけ要因
リーダーシップスタイルの理論	アージリス	依存・服従・欲求不満		心理的充足への要求
	マクレガー	X理論の世界		Y理論の世界
	ヘンフィル他	職務構造		人間的配慮
	ブレーク ムートン	9−1型 生産第一主義 人間への配慮最低	5−5型 「中間型」，生産と 人間への配慮とも に中位	9−9型 生産と人間への配慮 配慮大
	リッカート	システム1 酷使的 独裁	システム2 寛容なる 独裁	システム3　　システム4 協議的　　参加的集団 ―――――――――― 支持的関係の原則
組織風土の理論	ベニス	官僚制的組織		有機的・適応的組織
	バーンズ ストーカー	機械的システム		有機的システム

出所：French, W., *The Personnel Management Process,* Boston：Houghton, Mufflin 1978 年版, p.104 より。

2．労務管理への影響

1）動機づけ

　労務管理の基本的課題は，働く人びとの貢献意欲の確保，すなわち人間のやる気（human motivation）をいかにして起さしめるかにある。そして行動科学は人間行動の起因，つまり動機を各人の欲求充足に求める。

　心理学者マズロー（Maslow, A. H.）は，人間はまずもっとも基礎的な欲求を満たすための行動を起し，それが満たされてのち順次次元の高い欲求が行動の原動力になるとして，いわゆる欲求五段階説を唱えた[3]。

① 生理的欲求（the physiological needs）
② 安全欲求（the safety needs）
③ 所属および愛情への欲求（the belongingness and love needs）
④ 尊重への欲求（the esteem needs）
⑤ 自己実現の欲求（the need for self-actualization）

　このうち最初の4つの欲求をマズローは基本欲求ないし一次的欲求と称し，第5の欲求である自己実現の欲求を成長欲求ないし二次的欲求と述べて両者を区別している。自己実現欲求の定義はあいまいだが，みずから有する能力や創造力をフルに発揮し，また可能性を開発せんとする人間の高次の欲求である。

　またアージリス（Argyris, C.）は，人間の心理的な成長過程を幼児が大人になる過程に例えて，つぎの7つの次元により説明する[4]。

① 受身の状態から能動的になっていく傾向。
② 他人への依存の状態から独立の状態へ発展する傾向。
③ 限定された行動から多様な行動をとるようになる傾向。
④ その場限りの衝動的な興味から持続的な行動をとるようになる傾向。
⑤ 短期の展望から長期の展望へ発展する傾向。
⑥ 集団や社会の中で，従属的地位から同僚に対して同等または上位の地位を占めようと望む傾向。
⑦ 自己意識の欠如から自己意識・自己統制へ発展する傾向。

　このように人間は多様な欲求をもち，しかも健康な人間であれば，本来的に心理的成長を遂げる存在であると前提されるのであるが，経済的刺激のみによって，働く人びとに対する動機づけが可能と考えられていたテイラーの時代と異なり，労働者の所得水準の向上にともなって教育水準が高まった今日，人間が本来有すると考えられる自己実現欲求あるいは成長欲求が，職場において阻害されているのではないか，あるいは職場における人間関係に対する配慮のみで積極的な動機づけたりうるかが問われることとなる。

　この点についてハーズバーグ（Herzberg F.）は，従業員に職務満足をもたらす要因と，職務不満を感じさせる要因を分け，前者を動機づけ要因

(motivation factor), 後者を衛生要因 (hygiene factor) と呼び, 両者を区別する[5]。動機づけ要因とは, 仕事の遂行そのものに関するものであり, 職務内容とかその責任の問題, さらに仕事の達成感を指す。他方衛生要因とは, 企業の政策や上司の監督技術, あるいは作業条件, 賃金, 対人関係などを指す。すなわち, 人間関係管理の強調する対人関係への配慮は, 確かに職場に良好な人間関係をもたらし, 労働者に心理的安定を与えることによって不満の解消に役立つけれども, そのことがただちに仕事の動機づけにつながるわけではない。つまり, 人間が本来もっている判断力・創造力・問題解決能力等の知的能力が十分に発揮できるよう, 各担当者の自律化をはかるための諸施策こそが重要だという主張になる。

2) リーダーシップ

それでは, 労働者の自我の欲求や自己実現欲求が障害なく発揮されるためには, いかなる管理施策が講じられるべきか。ひとつは, 人間の自律性を前提とした動機づけ, すなわち彼らの主体性を尊重した形でのリーダーシップの行使であろうし, 他のひとつは, そのようなリーダーシップが発揮され, 且つ労働者がそれに応え得るような組織設計もしくは組織の風土づくりということになる。

マグレガー (McGregor, D.) は, 現代の企業経営は高度の相互依存関係によって成り立っているという認識のもとで, 権限行使による命令・統制方式 (management by direction and control) に代えて, 統合と自己統制による管理 (management by integration and self-control) の必要を説く。前者が管理者からの一方的な指揮・命令によって, 作業の合理的遂行を達成せんとする管理方式であるのに対して, 後者は, 企業の目的達成が同時に従業員の動機満足に結びつくよう, 両者の一体化をはかることによって, 労働者自らが企業の目的達成へ向けて自発的に協働し, その行動を自ら統制するようにさせていく方式だという。彼によれば, これらの方式の違いは, 結局, 根底にある人間把握の違いに由来するものとして, 労働者を受動的で依存的, 且つ従属的な存在だとする人間観をX理論, そして労働者を意思

決定者であり,問題解決者であり,且つ自らの行動を自ら制御しうる自立的存在だとする人間観をY理論と称し,労働者が本来もっていると思われるY理論的性格を損なうことなく,状況に応じて,いかに導き出すかという点に管理する者の課題があると説いている。[6]

ブレークとムートン (Blake, R. R. and Mouton, J. S.) は管理者の抱く関心を「人間に関する関心」(concern for people) と「業績に関する関心」(concern for production) の2次元において捉え,この関心要素の組み合わせによって種々の管理スタイルを類型化した。[7]「人間に対する関心」は与えられた仕事への部下の熱意や,部下の信頼に応える責任,良好な作業条件の確立,公正な給与,福利厚生の維持,同僚との人間関係や友情に対するリーダーの関心を意味する。他方「業績への関心」は,売上高,生産高,能率といった数量的なものだけではなく,方針決定の質,新製品開発への関心を含んでいる。縦軸に「人間」への関心,横軸に「仕事」への関心をとり,各々9段階に分けて組み合わせれば,全部で81個の管理者タイプが得られ,それぞれが格子のます目(グリッド)を形づくることから,マネジリアル・グリッド (managerial grid) と呼ばれる。

かくして,1-1型の管理者はいずれにも関心が低い自己保身型で,1-9型の管理者は,業績よりも人間関係中心型,そして9-1型は,逆に人間よりも業績を重んじる生産第一主義タイプということになる。また5-5型はいずれにも偏しない「中間型」であるが,それは妥協の産物に過ぎず,理想は,業績と人間の双方に対して最も高い関心をもつ9-9型の管理者とされる。ブレークらはこの格子図を用いてリーダーシップ・トレーニング方式を開発しており,それぞれのタイプの測定方式に問題を残しながらも,経営実践のうえで管理者スタイルの自己評価,さらには9-9型を目指す組織開発 (Organizational Development) モデルとして用いられている。

3) 組織風土

リッカート (Lickert, R) は,リーダーシップ・スタイルの集団メンバーの態度や生産性におよぼす影響を分析したのちに,さらに研究視野を拡大し

て，組織（システム）自体のあり方が，メンバーのモチベーションに対してどのような影響をおよぼし，また業績に結果するかについて検討し，モデル化した。[8)] すなわちリッカートの管理システム（システム1～システム4）は，① 原因変数（組織というシステム…監督者のリーダーシップ，組織構造，経営方針，経済的誘因等），② 媒介変数（仕事へのモチベーション…忠誠心，モラール，業績目標，成員間のコミュニケーション等組織の内的状態もしくは健全性といわれる変数，そして ③ 結果変数（組織の業績…生産性，売上高，利益，コスト）の組み合わせによって類型化されたものであるが，このうち理想的管理システムとされるシステム4は参加型システムとも呼ばれ，つぎの3つの原因変数を満たす。

(1) 支持的関係の原則（principle of supportive relationships）…各自の組織体験が，組織からみて十分支持されていることを成員たちに感じとらせ，成員の個人的価値観と自尊心を高揚させる。

(2) 組織における意思決定とコントロールの方式

　　a．集団的意思決定（group decision making）…例えば課レベルの意思決定は，課長を含む各課のメンバーが全員参加して行われている。

　　b．複合重複的組織構造（multiple, overlapping group structure）……上位小集団の構成員且つ下位小集団の監督者（リーダー）の立場にある者が，両階層を結合させる連結ピン（linking pin）の役割を果たし，階層間の相互作用を促進する。

(3) 高度の業績目標…人間の基本的欲求である雇用の安定，昇進の機会，満足すべき報酬に応えるためにも，また支持的関係の原則を満たすためにも企業は高い業績目標をもつ必要がある。しかも，高い業績目標設定自体が監督者のみならず各構成員の欲求でもあること。

リッカートの複合重複的組織構造は，組織全体と各単位とがシステムとして必然的関係を有しているだけでなく，相互に緊密な関係を保ちつつ，共通目的達成へ向けて効果的且つ有機的に機能しうる新たな組織形態のモデルを想定せしめる。

バーンズ＝ストーカー（Burns, T. and G. M. Stalker）はイギリスの20の事業組織について組織構造の変動過程を分析したのちに，機械的（mechanistic）管理システムと有機的（organic）管理システムという対照的な2つの理想型を提示した。機械的管理システムとは，高度の職務細分化，権限・責任関係の明確化，垂直的・非人格的な命令体系と階層的支配関係によって特徴づけられる官僚制的組織構造であり，有機的管理システムとは，職務・権限・責任関係の弾力性，分権的決定，水平的・人格的な相互作用によって特徴づけられる非官僚制的組織構造である。

ただし彼らは，機械的管理システムより有機的管理システムの方が普遍的に有効であると主張するものではない。むしろ市場や技術といった環境要因の変化に乏しい定常な環境のもとでは，官僚制的構造を有する機械的管理システムの方が能率の追求に適しているとする。彼らによれば「有効な組織の方法とは，その重要な側面が外部要因の変化に調和するよう変化するものである。」[9] つまり，あらゆる環境で普遍的に有効な組織化の方法は存在しないということ，そして組織構造の有効性は，環境との適合・不適合によって決まるというのが彼らの結論である。

彼らのとりあげた環境と組織の適合性という問題は，その後ローレンス＝ローシュ（Lawrence, P. R. and J. W. Lorsch）を経て，1970年代に入り組織の状況適合理論（contingency theory）の盛行をもたらすとともに，他方で技術や市場変化に適応するための有機的組織づくりの実践的課題となる。

すなわち，組織開発の名のもとに，従来の機械的組織から有機的組織に変革すべく，伸縮的な組織構造，開放的で支持的な組織風土，相互信頼の態度，民主的なリーダーシップ・スタイルなど組織の構造と過程を総合的に変更せんとする種々の試みが登場することになる。それは将に全社的な課題とされ，たとえばベニス（Bennis, W. G.）は，組織開発を，成員の信念，態度や組織構造を変革することを目的とした包括的な教育戦略だとみなしている[10]。

以上，フレンチの分類に基づいて主要な諸説をみてきたが，彼らの理論や

仮説がその後の調査・研究によってことごとく立証されているわけではない。むしろ理論的には数多くの批判と反証にさらされて今日に到っているのが現状である[11]。にもかかわらず，実践的にはその後の職場における労務管理施策に対して多大な影響を及ぼしてきたことも否めない。すなわち，マズローやアージリスの自己実現人モデルは，働く者の生き甲斐や働き甲斐といった問題を喚起せしめ，単調労働を克服すべき施策としてジョブ・ローテーション（job rotation）や職務拡大（job enlargement）の必要を認識せしめたし，マグレガーやブレーク＝ムートンのリーダーシップ論はグループ・ダイナミックスの成果をとり入れつつ職場レベルでの管理者の対人能力（human skill）養成のための種々の教育訓練方式（例えば，Tグループ，感受性訓練，マネジリアル・グリッドによる自己評価法等）として具体化している。またリッカートのシステム4モデルは，QCサークル等自律的作業集団の形成を促し，バーンズ＝ストーカーの有機的管理システムの概念が，全社レベルでの組織開発計画の基礎理念を提供していることは既にみたところである。

3. 行動科学的アプローチの限界

1） 企業＝組織観

　人間行動の一般理論を志向する行動科学の知見が，現実の企業の労務管理施策として導入されることについては，企業および労働者に関する相応の一般的理念が必要であったと思われる。以下では，その様な意味で現代管理論を理論面で方向づけたとおもわれるバーナードの企業＝組織観および人間＝労働者観を中心にとりあげ，その妥当性を検討したい。

　バーナードは管理職能を明らかにするために，その実質的内容としては経営組織としての企業を対象としながらも，あらゆる組織に通じる「組織」概念を呈示することによって組織一般について基礎理論を展開した。すなわち，既述の「意識的に調整された人びとの諸活動ないし諸力のシステム」という組織の定義は，彼が協働体系と呼ぶところの特定の物的・生物的・個人

的・社会的構成要素の複合体——教会・政党・友愛団体・政府・軍隊・企業・家庭等——の中から，それらの差異を特徴づけている諸属性を捨象して得られた組織一般に通じる本質規定である。したがってまず指摘すべき点は，たとえば企業という協働体系を特徴づける歴史的・社会的・物質的諸状況は，このような論理操作を経て抽出された「組織」にとっては外的要因でしかなくなり，その概念規定にとっては本質的なものではなくなるという点である[12]。しかも概念上「組織」は協働体系すなわち企業の一部を構成するものとして想定されているわけであるから，いわゆる経営組織体としての企業の中にもうひとつの「組織」が存することになる。このように厳密に規定された活動体系としての組織の一般規定は，われわれが企業という全体としての経営組織体についての歴史的・社会的特質の究明をめざすとき，その社会科学的有用性において一定の限界を抱かざるを得ない。

　バーナードの組織概念について，つぎに注目すべき点は，それが実体としてではなく，「活動体系」とみなされている点にある。人間は，組織という場を占有する組織力の客観的源泉ではあるが，人間にせよ，またその客観的結果にせよ，それ自体は組織ではない。「組織」は人「力」の場である。したがって，そのような活動を提供する人びとは，いわゆる組織のメンバーに限る必要はなく，多少なりとも関係するすべての人びとが含まれる。

　商品を購入する顧客，原料の供給業者，資本の提供者たる資本家などが，それぞれの立場からの活動の提供者たる限りにおいて貢献者ということになる。このような人びとと組織の間の誘因と貢献の交換関係，すなわち組織均衡の維持が組織存続の基本的条件となる。この点に関してサイモンは，組織参加者の誘因と貢献の内容の相違から，これを顧客，従業員および企業家の三つのタイプに分けて，これら三者の絡み合いについて詳細な考察を行っている[13]。ここで詳しく論じる余裕はないが，要するに，顧客は組織の提供する製品と交換に，貨幣を組織に対して提供し，従業員（employee）は，賃金その他の個人的報酬と引き換えに，彼らの時間と労力を提供し，また企業家（entrepreneur）は，組織自体の拡大・成長という誘因と交換に，従業員の活動を統制するという貢献を提供するというものである。

3. 行動科学的アプローチの限界

図 22 制度的企業とその構成員

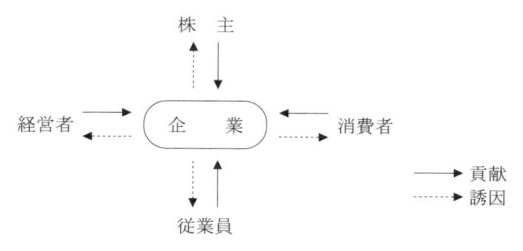

```
              株 主
               ↑↓
経営者 →← 企　業 →← 消費者
               ↑↓          ──→ 貢献
              従業員         ---→ 誘因
```

出所：占部都美『経営学入門』83頁参照。

　この様なサイモンの組織をめぐる誘因と貢献のバランス論は，いわゆる「所有と経営の分離」論と結合して，「制度的私企業」の概念を形成する。（図22参照)[14]。この制度的企業では，企業家は経営に携わる経営者と出資職能を担当する株主に分離され，従業員あるいは消費者とともに制度化した企業組織に対して，誘因と貢献の取引関係に立つのである。この様に把握された企業＝企業組織は，将にバーナードの定義する活動体系としての組織であり，もはや一定の時間と空間と持続性をもった具体的な存在である必要はない。しかも図にみる様に，この様な組織をめぐる人びとは，管理主体者である企業家（もしくは経営者）も，その立場に位置づけられており，結果として彼らは歴史的・経済的規定性を受けない，一般的・抽象的存在としての人間とみなされる。かくして，バーナード＝サイモン，およびその影響下にあると思われる組織観のもとでは，その社会的，物質的側面のみならず人的側面も欠落せざるを得ないということになる。

2）　人間＝労働者観

　つぎに問題とすべきは，現代管理論の前提とする人間観の現実妥当性についてである。すなわちバーナード＝サイモンの主体的意思決定者，マズロー，アージリス，リッカートらの自己実現人，さらには，このような画一的人間観を排して人間欲求の多元性および環境適応性を強調することになるベニスやシェイン（Schein, E. H.）らの複雑人（complex man）の仮説[15]

をも含めた,彼らの人間観の根底にある基本的現実認識の問題である。彼らの人間仮説の基礎には,営利組織としての企業といえども,それは自由意志をもった人格的に自由な人びとの参加によって成り立つひとつの協働社会であるという認識がある。いな,むしろ現実にはそのような協働が破綻し,働く人びとの人格的発展が阻害されているという認識のゆえに,ヨリ高次の欲求に働きかけるべく種々の動機づけ理論を展開したものとみなすべきかも知れない。だとすれば,主体的意思決定者といい,自己実現人というも,資本主義的協働関係のもとでは,貢献確保のための「あるべき姿」としての実践的意味は持ち得たとしても,理論的には極めて限定された意義しか持ち得ないといえる。

たとえばバーナードは主著の末尾において,「私は人を自由に協働せしめる自由意思をもった人間による協働の力を信じる。また協働を選択する場合にのみ完全に人格的発展が得られると信ずる・・・協働の拡大と個人の発展は相互依存的な現実であり,それらの間の適切な割合すなわちバランスが人類の福祉を向上する必要条件であると信じる」と自らの信念を吐露している[16]。ここにいう「人を自由に協働せしめる自由意志をもった人間」そして人類の福祉を向上せしめるべく「協働の拡大と個人の発展」を方向づける自由をもった人間とは,明らかに労働者ではなく,資本主義的協働の担い手である管理者に他ならない。いうまでもなく,資本主義体制にあってはすべての人びとが資本主義的協働関係に入らざるを得ないことが現実の状況である。にもかかわらず,協働システムとしての企業組織を一般化しつつ,各人の欲求と組織目的の同時達成を標榜することによって,あらゆる組織的事実を組織一般や人間行動一般の次元に解消するということは,結局のところ,すぐれて現体制(市場主義的資本主義)の維持,強化の役割を果し,その枠内での機能的均衡を技術的に糊塗せんとする試みにほかならないといえよう。

注
1) Miller, J. G., *Toward a General Theory for Behavioral Sciences*, The Univ. of Chicago, 1956.
2) Barnard, C. I., *The Functions of the Executive*, Cambridge, Mass,: Harvard Univ. Press,

1938, p.13.（山本安次郎・田杉　競・飯野春樹訳『新訳・経営者の役割』ダイヤモンド社，1969年，13 頁。）
3) Maslow, A. H, *Motivation and Personality,* New York : Harper and Row, 1954, p.35.（小口忠彦訳『人間性の心理学』産業能率大学出版部，1971 年，55-90 頁。）
4) Argyris, C., *Personality and Organization,* New York : Harper and Row, 1957, p.49.（伊吹山太郎・中村　実訳『組織とパーソナリティー──システムと個人の葛藤──』日本能率協会，1970 年，88-89 頁。）
5) Herzberg, F., *Work and Nature of Man,* E. Tuttle Co., 1966 Chap 6.（北野利信訳『仕事と人間性』東洋経済新報社，1968 年，83-106 頁。）
6) McGregor, D., *The Human Side of Enterprise,* New York : McGraw-Hill, 1960, pp.33-35 and pp.47-48.（高橋達夫訳『企業の人間的側面』産業能率短期大学出版部，1965 年，38-41 頁，54-55 頁。）
7) Blake, R. R. and J. S. Mouton, *The Managerial Grid,* Houston : Gulf Publishing, 1964.（上野一郎監訳『期待される管理者像：マネジリアル・グリッド』産業能率短期大学出版部，1972 年。）
8) Likert, R., *The Human Organization,* New York : McGraw-Hill, 1967, Chap.4, 5, 7.（三隅二不二訳『組織の行動科学』ダイヤモンド社，1968 年 第 4, 5, 7 章。）
9) Burns, T. and G. M. Stalker, *The Management of Innovation,* London : Tavistock, 1961, p.96.
10) Bennis, W. G., *Changing Organization,* NewYork : McGraw-Hill, 1966, p.184, p.188.
11) 動機づけに関する主要な文献サーベイについてはつぎのものを参照。西田耕三『ワーク・モチベーション研究──現状と課題──』白桃書房，1976 年。
12) Barnard, C. I., *op.cit.,* p.74.（邦訳 76 頁。）
13) Simon, H. A., *Administrative Behavior,* 2nd ed., New York : Macmillan, 1957, pp.16-18, p.110ff.（松田武彦・高柳　暁・二村敏子訳『経営行動』ダイヤモンド社，1965 年，20-22 頁，143-159 頁。）
14) 車戸　實編著『現代経営学』八千代出版，1983 年，58-60 頁。
15) Shein, E. H., *Organizational Psychology,* Englewood Cliffs, N. J. : Prentice-Hall, 1965. p.69ff.（松井賚夫訳『組織心理学』岩波書店，1996 年，103-108 頁。）
16) Barnard, C. I. *op.cit.* p.296.（邦訳 309 頁。）

APPENDIX I

MERITS AND DEMERITS OF THE JAPANESE MANAGEMENT SYSTEM

Why Japanese Management?

In Japan the Japanese Management System began to be watched with keen interests almost ten years ago. In those days confronting economic depression, the Japanese nation-wide business concern was how to rationalize existing Japanese styles and customs such as "lifetime employment" or "seniority system" that had presumably contributed to the rapid growth of the Japanese economy.

During the past ten years, however, Japan's economy has been relatively strong and flourishing, while most industrialized nations, including those of North America and Western Europe, have been suffering greatly from a combination of high inflation, low productivity, high unemployment and weak industrial competitiveness. Accordingly, an ever-keener attention to Japanese economic success has been aroused. Consequently, in the eyes of the people abroad, the secret of its success seems to lie rather in the peculiarities of the

---

*This article is a revised version of an extemporaneous speech to the 19 students from Montana State, U.S.A., who were visiting Kumamoto University of Commerce for the Summer Student Exchange Program in 1983.

Japanese Management System. Influenced by such unexpected attention from abroad, some of the Japanese specialists, in turn began to re-examine Japanese management and, in effect, assertions which justify and even admire its system began to appear. Under these intellectual conditions, it seems that the Japanese Management System has gradually changed its motto from "ought to be abolished (modernized)" to "ought to be proud of (maintained)." This exemplifies that the estimation of Japanese management itself has greatly been evolved to a greater appreciation. Therefore, even for us, the Japanese are not easy to answer the question: What is the real key to Japan's economic success?

Before entering the analysis of the Japanese Management System in detail, we should first grasp the fundamental reasons (1) why the Japanese economy has enjoyed such rapid growth and (2) why the Japanese Management System has recently been noticed by many countries. As for the first question, Dr. Reischauer (1950) picked up eight reasons as follows:
1. The hard-work ethics of the Japanese, their high levels of education and technical skills and their ability to maintain political and financial stability.
2. The concentrated effort of the Japanese to rebuild their industries by pouring almost all of their capital into industrial facilities.
3. The fact that Japan obtained access to greatly expanded energy resources as it became able to import large quantities of high-grade coal and petroleum.
4. The existence of a major export market for Japanese goods in the United States where very few restrictions were placed on Japanese imports from the beginning.
5. The fact that Japan had lost its territorial possessions in the war and could therefore, divert money that would otherwise have been necessary for the defense of colonies to stimulating

the rapid growth of domestic industry.
6. The opportunity for a new start with modern factories that resulted from destruction of productive facilities during the war.
7. The low level of defense expenditures due partly to the people's general disgust with militarism and partly to the nation's assurance of security under its agreement with the United States.
8. The delicate balance attained between free enterprise and government guidance and control.

Of those reasons Dr. Reischauer puts primary emphasis on the first item, that is, on the qualities of the Japanese people themselves. As long as the qualities of a nation in general are a product of social arrangements such as educational institutions, I am not sure whether those qualities of the Japanese people themselves are better than others or not. But, generally speaking, it is quite understandable that these reasons have contributed to Japan's remarkable Postwar Economic Development.

For the second question, why is that the Japanese Management System has recently been noticed by many countries, I must refer to the connection between the Japanese Management System, which might have sustained economic growth as internal causes and the fundamental managerial problems of which modern capitalistic enterprises have greatly suffered. Jumping to a conclusion, with my judgment, modern enterprises are confronting the limitations of western rationality whose contribution to the welfare of human beings has long been taken for granted.

Human beings have experienced two important historical events that is the learning of exchange and cooperation based on division of labor. Concerning these two phases, I would like to refer to the limits of western rationality from the viewpoint of marketing and organizational structures. Indeed, exchange and cooperation broke through the limitations of human economic activities and improved the welfare of human beings on earth tremendously. Through exchange, one could concentrate one's whole energy on producing one particular commodity that would be exchanged with other commodities needed. Through cooperation, needless to cite the Adam Smith's "Pin manufacturing" story, one could overcome one's natural limitations. Thus, division of labor within cooperation also guaranteed high productivity thereafter. But, it should be noted at the same time, that we human beings have ironically suffered from the difficulties that remain from these two beneficial events.

One of the universal problems under capitalism is characterized by an anarchical production system which always requires to find out "what to produce." This is conceived as a strategic marketing problem. With the general expansion of the market area aided by the development of transportation media, the main problem of successful enterprises has changed.

At the first stage, according to the expansion of business horizons from local to national markets, which typically occurred the end of the 19th century in the U.S., competition among fellow traders compelled them to change their production style from "Jack-of-all-trades" to specialized trade and then to large scale mass-production. In those days, at shop level, scientific management was pursued, and at clerical level, bureaucracy was adopted. At the age of insatiable market expansion, the principle of business behavior was "struggle", "domination", and "exploitation" depending on an ego-centered way of thinking that could be characterized as an "inside-out view". Also scientific management and modern bureaucracy shared its essence with formal rationality, which indeed propelled standardization and modernization of the industrial world.

At the second stage, after market expansion from the national to the international level, a saturation of market development occurred. Through the development of worldwide transportation and information systems, the content of business competition seems to have changed from the various types and quantities of products to the quality of products which an enterprise can offer. A differentiation of some product has been perceived by an enterprise as an environmental change. Thus the main problem of enterprises to be competitive in worldwide-matured markets has changed emphasis from the capacity of mass production through standardization, which has been a long-standing principle of productivity, to the capacity of adaptation to environmental change. The capacity to adapt to environmental change depends on an organizational flexibility and the quality of the product that ensures competitive power in the matured market depends on the quality of labor power.

As the key to success becomes how to organize work and how to secure and cultivate labor power at this stage, so the principle of business behavior seems to have changed from struggle to "cooperation", from domination to "interdependence", from exploitation to "motivation" directed by the "outside-in view", depending on the contextual way of thinking. Such historical change of surroundings has partly been reflected in the theory of organizations and business administration. In organizational theories, Model of Decision Making, Concept of Bounded Rationality, Contingency Approach and Model of Organic Organization against Mechanic Organization have been advocated and adopted. As for management in a narrow sense, after the Hawthorn experiments, the "be kind to workers" ideology has prevailed and various kinds of motivation theories such as Needs Hierarchy Theory (A. H. Maslow), Theory X and Y (D. McGregor), Expectation Theory (V. H. Vroom, E. E. Lawler III, L. W. Porter), Beyond Theory Y (J. W. Lorsh & J. J. Morse) and Job Enrichment or Job Enlargement, etc. appeared.

Actually, however, today's so-called "productivity crisis" in most of the developed countries shows that these meaningful theories have not worked effectively yet. Referring to the changed principle of business behavior, the productivity crisis indicates to us not only the crisis of modern business administration but also the crisis of western rationality itself, which has been penetrated through modernization of organization, using Max Weber's word "Bureaucratization". The ineffectiveness of motivation theories indicates to us the limitation of a rational managing system, which depends on methodological individualism. In short, recent keen interest about the Japanese Management System from abroad is derived from the deadlock of western-style modernization of organizations and the limitation of management-by-motivation. In other words, the analysis of the Japanese Management System naturally surrounds the field, which has not been rationalized yet in a sense of European modernization. Additionally, this is the main reason why there are some arguments for and against the Japanese Management System itself among Japanese social scientists.

Characteristic Features of the Japanese Management System: Its Merits and Demerits

Followings are the main characteristic features of the Japanese Management System:

1. Decision Making Process[1]

Entering into the period of a Capitalistic matured society, participation in decision-making has become a cornerstone of the efforts of western managers (including American) to elicit workers' coopera-

---

[1] The meanings of "Decision making process", "Employment System", "Labor Management relations", and "Small group activities", are based on *Nippon The Land and Its People*- by Nippon Steel Corporation., Gakuseisha, 1984.

tion. But in Japan it is not an artifact of managerial control but an important integral aspect of the whole structure of reaching decisions. Generally, the person in charge draws up the original plan in written form and obtains the approval of his seniors in ascending order, from supervisor to manager and to general manager. The approval of officers in related departments is obtained before the final executive decision of the plan. In Japan, we call this process the "Ringi System". "Rin" means to make an offer or proposition from subordinates and "-gi" means consultation. A paper proposed by subordinates for consultation is called "Ringi-sho". The final decision maker of the plan depends on the importance of the matter, and the approval of the plan is indicated by the seals (hanko) of the individuals.

When the original plan is not approved by one of the individuals concerned, the plan must be revised. When the revised plan fails to obtain the necessary approval, it is withdrawn without being shown to the higher echelons of company officers. In other words, a ringi-sho once approved by top management means, at the same time, it is approved from top to bottom. Therefore, one of the merits of the Ringi system lies in its formation process of mutual agreement among the people concerned. Approval of a plan is recorded in writing and, therefore, it is clear where the responsibility rests. Also, once the approval of the many individuals who are concerned with the plan is obtained, the plan can be implemented very efficiently.

Another merit lies in its power balancing function within a system, which leads the new plan to be smoothly implemented. At the lower echelons, the one who proposes an original plan usually has plenty of concrete information, which is critical to the company's future. But his special position to usurp organizational power based on uncertain information for others is, through the Ringi system, always checked by the formal authorities. The discretion of the people in the higher echelons, on the other hand, are limited so long as a new plan needs approval of each of the echelons through this system. Formal and informal powers are balanced without annihilating each other.

But as long as so many people seal the draft prepared, in effect, an individual's authority and responsibility remain unclear. Thus, the responsibility, in this case a joint shared one, which has been criticized as totalitarianism based on the idea of pre-modern Japanese feudalism, remains. Ichiro Yamada (1966) pointed out the Japanese pre-modern ideology to maintain this system itself and itemized two points as its demerits. One is that the Ringi system does not clarify the strategic decision-making which should be left to top management and the routine of practical decision-making to middle and lower management. Another demerit pointed out is closely connected with its merit. Indeed this system with one form and procedure, has diversified functions such as planning, communication, reporting, coordination, decision-making and recording, but, because of its functional diversification, each function is not performed sufficiently and, as a result, a formalism prevails.

Besides the Ringi system there is a "Kaigi System of meetings". Meetings are typicaly and indispensable part of the operation of Japanese large-scale enterprises. Because tasks are assigned to a work unit rather than to an individual, the group needs to understand contemplated actions and policies before they are fixed. However, it is not the purpose of Japanese managers to formulate policies and make decisions based on the collective wisdom of the many. Actually, policies and decisions typically have already been made by a few key staff groups prior to assembling the many rank-and-file meetings and, if necessary, sometimes the groundwork of "before-the-meeting maneuvering" is used for unanimous agreement. This action is called "Nemawashi", which literally means digging around the root of a tree. Therefore, the main purpose of the Kaigi system and Ringi system is to gain members' understanding and cooperation toward the implementation of the proposed plan.

2. Employment System

The "life-time employment system" is characteristic of the majority of the big enterprises. James Abegglen (1958) pointed out the following features of employment in Japan.

1. Japanese enterprises hire their employees directly after their graduation from school.
2. The decision to employ or not is based on personnel requirements rather than the need to fill a certain job or function. The enterprise provides any special training which is necessary for specific jobs.
3. Employment in a Japanese enterprise extends over the whole working life of the employee.
4. Pay is determined by the number of years of employment in the company.
5. For each enterprise there is one labor union.

Concerning the changed evaluation of the Japanese Management System, it is interesting to notice that Abegglen's attitude toward it had greatly changed from his original book, *"The Japanese Factory"* (1958) to the book revised by him, titled *"Management and Worker"* (1973). In the original he asserted that the irrationality and inefficiency of Japanese Management, such as the inflexibility of labor power led to the difficulty of effective manipulation of it and, as a result, laborers at all levels were likely to feel some difficulty in changing jobs even though they were not satisfied with their jobs. Fifteen years later, his opinions appear to have changed. He gave a high evaluation to lifetime employment, interpreting that it gave the advantage of shifting the most newly trained labor power at lowest cost to the most modern and highly developing fields of economy. Thus, for Abegglen, in spite of the inflexibility of employment, the lifetime employment system assures the effective distribution of labor power from the viewpoint of national economic development and technological innovation in particular.

One of the advantages of the lifetime employment system is the stability of employment and income, which in turn leads employees to feel loyalty and trust to where they belong, resulting in general high motivation to work. Another advantage lies in its long-range view to control human resources, which enables employees' steady accumulation of know-how and, after all, enables technological innovation to proceed smoothly.

On the other hand, the disadvantages of the system are, as partly stated by Abegglen, an employment inflexibility and a lack of stimulus for the employees' self-development, which are apt to produce various kinds of organizational dysfunctions such as formality, over-conformity, and generally self-guarding behavior.

A lifetime employment system requires a relevant wage and ranking system. Seniority ranking is the customary practice, having salary and status rise in accordance with the length of service. This ranking is deliberately devised to make a lifetime wage curve. Pay increases for all employees are made annually on the basis of such criteria as position, education, and number of years of service, with additional consideration given to each individual's ability and achievements. These yearly increases are progressively added to the employee's basic salary. Thus a wage is fundamentally based upon the length of service rather than jobs, and individual worker-output is tied only loosely to the wage system. In this sense, as long as length of service, as well as age, sex, and education is a social criterion, the Japanese wage system might be largely called a social wage (system) rather than a job wage system.

In recent years, however, because of a decline in the number of younger generations, many companies are being forced to revise their employment policies and wage curve systems. Adapting to the actual conditions of today's labor market, such as higher mean employee age and strong pressure to raise the retirement age, many companies began to switch the criteria from the length of service to the actual employee performance.

In sum, however, the Japanese deep-rooted overall lifetime employment and lifetime wage system will be maintained with careful adoption of merit systems aiming at adaptation to today's situation of labor market.

3. Labor-Management Relations

Most unions are "enterprise unions" rather than trade unions. Although the company and union are in opposition as to the distribution of profits, they stand on common ground when it comes to the prosperity of the company on which these profits are based. Japanese labor unions are not organized by occupation or job but by enterprise and are termed "enterprise" unions. These unions are federated by industry. Employees that have advanced to supervisory and managerial positions were all previously union members and in some cases were even union leaders.

Given this situation, managers have an understanding of the significance of labor unions and will attempt to respond, as far as the company's circumstances allow, justifying union requests. Union members, too, have an underlying trust in the company, fostered by such practices as the lifetime employment system, seniority ranking and

APPENDIX I   149

welfare benefits and usually consider the general welfare of the entire company before they present their demands.

Behind such Japanese Labor-Management relations, there exists industrial paternalism. Japanese businessman often use the family analogue while appealing to workers in terms of the Confucian concept of spiritual ascendancy through harmony and common effort. The enterprise is emphasized as a group of family in which all members cooperate for the common good rather than an opportunity for individuals to pursue self-interest by exercising their own economic rationality. Indeed, the Japanese notion of self-interest suggests the conformity of the individual and the group. So, individual fulfillment comes as a group process with individual interests identified as group interests and vice versa.[2] Thus, Japanese workers view themselves as belonging-to-the-firm and not merely employed by it. So, the high loyalty of a Japanese employee should be interpreted as strong involvement in one's company not merely as a seller of labor power but as an integral part of a family-like imaged company.

Concerning the distribution of profits and paternalism, the all of the function of the "bonus" should be noted. Almost all of the Japanese big businesses annually pay bonuses to regular employees twice a year. The amount of the bonus, corresponding to five or six months' salary, depends not on the individual's performance but on the performance of the whole company. The reward payment system works to shift the risk of enterprise from stockholders to employees, because the employees' annual income depends on the annual performance of the company they belong to. In this sense, Japanese Labor-Management relations, in general, should be well understood by means of the conception of the zero-variable system rather than

---

2 Karch, Bernard, "Managerial Ideology and Worker Co-optation: The U.S. and Japan," *International Industrial Relations Association Sixth World Congress*, Kyoto March 28–31, 1983, pp.87–88.

zero-sum system. It works well for management, but does not work well for the benefits of the managed in the true sense of the trade union.

4. Small Group Activities

Centered around senior workers on the shop floor, small group activities in the form of QC and Zero Defect Movement have become typical characteristics of the Japanese Management System. Japanese companies have been attracting much attention from abroad for their high productivity and the excellent quality of their goods. The American concept of 'quality control' invented by Dr. Deming was introduced into Japan after the War. It has since developed into 'Total Quality Control', i. e., quality control on a company-wide basis. Small group activities aimed at solving various kinds of problems are closely connected with Japanese strong group consciousness- 'esprit de corps,' loyalty to company, relatively high educational level, and lifetime employment systems. Such groups are organized and encouraged according to the following ideals:

1. Every employee can find fulfillment in one's work through the proper use of his own creativity to increase his skill and knowledge.
2. A brighter working environment can be created through mutual respect and cooperation.
3. The welfare of the company can be promoted and a contribution made to society as a whole.
——Nippon Steel Corporation *'Jishu kanri Activities'*——

Based on these concepts, it is often said and noticed from abroad that improvements are vigorously and continuously carried out to produce a very considerable effect. However, it is not clear that worker participation in quality control circles and production decisions has directly contributed to increased productivity.

It seems likely that where worker productivity increased, it may be the result of the so-called 'halo effect' (or Hawthorne effect) reported by Roethlisberger and Dickson (1939) in the Western Electric studies. Production may well increase merely because someone is paying attention to the workers and not because of changes in work procedures or worker participation in the decision making process.[3] Thus the small group activities in Japan should be regarded as a managerial technique to breed vigorous organizational climate in which employees feel themselves involved rather than a direct cause of productivity. This organization climate in Japan plays an important role in the case of company crisis such as the need for technological innovation and organization development in order to catch up with environmental change and thus fermenting competitive spirits.

The Base of the Japanese Management System

Concerning the main characteristic features of the Japanese Management System, there are some theoretical efforts to anticipate its features. According to William G. Ouchi and Jerry B. Johnson (1978) who suggested a typology of management modes, A and Z, Japanese management is mostly characterized as Type Z. whose features are as follows[4]:

	Type Z	Type A
1.	Long-term employment	Short-term employment
2.	Collective decision making	Individual decision making
3.	Individual responsibility	Individual responsibility

---

3 Karsh, op. cit., p.91.
4 Ouchi, William G. and Jerry B. Johnson, "Types of Organizational Control and Their Relationship to Emotional Well-being" *Administrative Science Quarterly*, 23. 1978, p.294.

4. Infrequent evaluation and promotion Frequent evaluation and promotion
5. Implicit, informal evaluation Explicit, formalized evaluation
6. Nonspecialized career paths Specialized career paths
7. Holistic concern for people Segmented concern for people

Except for the third item, i.e., 'Individual responsibility' (both in Type Z and A), the Japanese management type is identical to Type Z. Ouchi stated that under the Japanese Type this would be 'Collective responsibility.'[5] This appointment seems to have vital importance from the viewpoint of internationalization of Japanese Management in the future, for it denotes the possibility to change from 'Collective' to 'Individual' responsibility.

In this typology, there is a general indication that Type A is bureaucratic in structure, supported by individualism and competition but accompanied by organizational alienation and lack of productivity. Type Z, on the other hand, is more organic, adaptive, cooperative, and productive. What is strategic to this model is not only that Z type organization is more productive, but people in it are happier. There is a basic assumption that 'involved workers are the key to increased productivity' and harder work does not result in increased productivity nor would better management of corporate finance or research and development. Instead, it is the better coordination of individual efforts performed in the ethos of 'trust, subtlety and intimacy,' the three important components of the culture of Type Z, that results in higher productivity. Subtlety, here, translates into acts that are sensitive to human sentiments rather than to the rules and procedures of the organization. So, Type Z organizations are like the clans rather than like hierarchies and markets, both of which are also 'social mechanisms through which transactions between individuals can be governed.' In a clan, egalitarianism is pervasive and individual and collective goals tend to converge.

---

5 Ouchi William G., *Theory Z: How American Business Can Meet the Japanese Challenge*, Addison-Wesley 1981, p.58.

As a number of investigations show, whether well-involved workers are more productive than workers under compulsion or not should deliberately be examined. But Ouchi's typology and specialization of the 13 steps from Type A to Z in his book, *'Theory Z'* (1981), indicates that the secret of Japanese productivity lies in its insufficient bureaucratization and lack of managerial techniques. In Max Weber's words, bureaucratization means establishing the processes of 'specialization,' 'calculation,' 'impersonal control by rules,' and 'drawing a line between public and private.' In short, it is a modernization process of society and social institutions, and Weber predicted the unavoidable bureaucratization of modern society quite pessimistically. At an organizational level, bureaucratization simply means rationalization of relations between man and job. Through rationalization, an organization might be well entrenched as Gesellshaft in Tönnies' term, and this process might be well promoted through individualism, which might, under contract, guarantee one to be a cog without losing one's personality.

As for managerial techniques, since Taylor's scientific management separated planning from performance at shop level, the principle of standardization and various kinds of motivation theory, assuming premises of individualism, have kept in step with each other. Roughly speaking, American management seems to have invited workers to become successful by adopting the western business creed of individualism. On the contrary, Japanese managements deliberately rejected the creed of economic individualism and used the family analogy based on the Confucian concept of 'wa-spiritual' ascendancy through harmony and common effort. This wa-spiritual ascendancy is, in its essence, the attribute of Gemeinschaft in Tönnies term. Thus Japanese firms came to pursue dual objectives — profit and the perpetuation of the group rather than some simple notion of economic rationality stemming from self-interest, which is distortedly derived from individualism.

Concerning this difference of business creed in general, some efforts to examine the type of human behavior as a principle of organizational formation have recently been continued among the Japanese social scientists. One of its results is the typology of Japanese 'contextualism' versus western individualism which is proposed by Hamaguchi Eshun (1977).[6]

He refuses to adopt the prevalent proposition of group-ism versus individualism because he doubts the premise of this dichotomy, which can exist as long as group-ism does not contain individualism by definition. In this sense, group-ism means a kind of total-ism which requires members' self-annihilation or total devotion to the attainment of an organizational goal. But, according to Hamaguchi, the Japanese group-minded attitude is the one through which each member of the organization attains organizational goals by cooperation, sometimes going across one's duty, and at the same time attains one's own goals such as the fulfillment of needs for daily life and welfare at group level. According to him, such attitudes are to be called 'corporatism' which is quite different from total-ism as a principle of control. So, the Japanese seemingly ardent organizational behavior is derived from one's own selfishness and is dependent on the belief that altruism leads to self-interests.

Under corporatism the actor subject is called the referential subject, and he names it 'the contextual (kanjin).' One of the important traits of contextual relations between people is in its complementary cooperation, which characterizes the Japanese 'outside-in' style of thinking and behavior. Thus Hamaguchi proposes a methodological conversion from methodological individualism, which was born in the Western intellectual world, to methodological contextualism, which is better suited for understanding Japanese behavior and its

---

[6] Hamaguchi Eshun, 'Nihonteki Soshiki no Hensei Genri, Saiko—*Organization Science*, vol.17, No.1 1983, p.19-26.

reflection on the formation of organizations.

Indeed the term contextualism characterizes some of Japanese way of thinking and coincides with concepts of 'trust' 'subtlety' and 'intimacy' of Theory Z, but to make use of this model to explain the overall Japanese organizational behavior appears to be dangerous. It suggests only the bright side of the Japanese way of behavior. The reasons are:

First, as long as a Japanese enterprise acts under the Capitalistic production system, its system does not contain more factors of Gemmeinschaft than those of Gesellschaft. It is needless to say that profit making is the supreme order in Capitalism. The concept of contextualism based on corporatism is apt to be misleading. Secondly, I am afraid of the model's deterministic character. Hamaguchi seems to have an ambition to use this model from the viewpoint of general system theory and, according to him, contextualism is derived from deep-rooted Japanese culture. But, as William Ouchi implicitly asserts, different cultures can be found in similar structures in the same industry in one country. Theory Z, in fact, is a suggestion for cultural transformation within an organization and shows how that can be done. Thirdly, in a sense, it shares a common feature of the comparative analysis of Management Systems that some differences are likely to be exaggerated. Social phenomena should be understood as in the process of historical development. There should be a limit to emphasize the difference of culture and to assert its peculiarity, especially, in the case of the study of enterprise, which is fundamentally a changeable, man-made organization.

Indeed, from the viewpoint of the management system, Japanese enterprises are productive, less bureaucratized and workers appear happier. But these merits are merely the "sunny" side of them, and it is always sustained by its "shadow" side. In order to understand the characteristic feature of the Japanese Management System in a total sense, I would like to add some demerits or problems from a wider view.

First, the decision making process through the ringi system or kaigi (meeting) is effective for implementation of the decided matters, but it requires much time and cost (indirect cost) and that, as already mentioned, most of the policies and decisions typically have already been made by key people before the meetings. This results in the ambiguity of personal responsibility, and it causes a Japanese propensity of depending on others, especially among responsible people.

Secondly, lifetime employment systems and enterprise unions, indeed, ensure the stability of employment and industrial relations, and these lead to the trust of one's company and to the possibility of long-range planning. But this stability or trust is only for the big enterprise workers who are implicitly promised to be retained until retirement age- 55 or 60 years old. There are many female workers who are not comparably benefited and many non-regular workers such as part-time workers or seasonal workers, in reality, who sustain the stability and trust of big enterprise workers. There are so many small enterprises in Japan. The pay of those employed in enterprises with less than thirty workers is seventy percent of that received by those in big enterprises with over five hundred workers. Many of the small enterprises are working with the big enterprises and are called "cooperative companies". Taking into account the 20 percent of union membership in Japan, the gap in working conditions between big and small is distinct. We call such a situation industrial "dual structure". Furthermore, taking the fact into consideration that these small enterprises work "effectively as shock-absorber (buffer)" when depression occurs, we cannot deny that the secret of Japanese industrial flexibility and stability lies in this characteristic feature of industrial structure.

Lastly, we should not overlook the causality of employment systems to the so-called "ordeal" of entrance examinations to schools. For, in my judgment, the lifetime employment system and career system has entrenched the Japanese youngsters' (and more strongly the parents') idea that his or her future life may be decided at seventeen or eighteen years old. Japanese enterprise seems to have no idea of how to tackle this nation-wide educational problem so far.

In sum, Theory Z and contextual hypothesis are only useful for understanding the Japanese behavior within the organization, especially within big enterprises. Once we spread our field of vision, we can easily notice that the brighter aspect in terms of productivity and competitive strength depends on the sacrifice of weak people who are perceived by enterprises as "outside" their organizations. In other words, the Japanese Management System has been effective from the viewpoint of management cost by utilizing group behavior of inside workers and utilizing small enterprises under the industrial dual structure as outside members.

Finally I would like to cite a few sentences from a recent essay titled "The Culture of Wa" by O-Young [7]:

"But when the culture of 'wa' leaves the Japanese context, it suddenly undergoes a fearsome transformation: harmony becomes disharmony, respect violence, clarity murkiness, serenity unrest. The same Japanese who thoughtfully arrange flowers and quietly sip tea in a placid Japanese setting metamorphose abroad into aggressive warrior-businessmen. Although the system of free trade is meant to benefit all countries, the Japanese seem to think it exists only for them. When a foreign company enters their country, they say it has

---

7 Lee O-Young, "The Culture of Wa". *Japan Quarterly* 30:54-6, Jan. /Mar. 1983.

"landed"; when one closes down and leaves, it has "withdrawn". That harmony within becomes disharmony without is inevitable, the consequence of cause and effect".

Here is a cue for Japanese businessmen to be international ones.

REFERENCES

1. Abegglen, James C., *The Japanese Factory: Aspects of Its Social Organization.* Glencoe, Ill: The Free Press, 1958; Management and Worker. Kodansha, 1973
2. Hamaguchi, Eshun, *Nihonrashisa no saihakken,* Nihon Keizai-sha, 1977; Kanjin-shugi no Shakai Nippon, Toyokeizai-shimposha, 1982
3. Reischauer, Edwin O., *The United States and Japan,* Cambridge MA: Harvard University Press, 1950
4. Roethlisberger, F. J. and Dickson, W.J., *Management and the Worker,* Cambridge MA: Harvard University Press, 1939
5. Ouchi, William G., *Theory Z: How American Business Can Meet the Japanese Challenge,* Addison-Wesley, 1981; *The M-Form Society: How American Teamwork Can Recapture the Competitive Edge,* Addison-Wesley; 1984
6. Yamada, Ichiro, "Gendai-teki Keiei to Ringi-teki Keiei", In Yamashiro Akira (ed.); *Ringi-teki keiei to Ringi-seido,* Toyokeizai Shimpo-sha, 1966

APPENDIX II

THE INTERNATIONALIZATION OF JAPANESE MANAGEMENT

For the Japanese, the phrase "internationalization" has two meanings. One is to expand Japanese economic activities to the world market through trade, capital investment, and transference of technology or Japanese styles of management. In the context, "Japanization" of Western society will be a key question. Another meaning of the phrase is the internationalization of Japanese management systems within Japan. This is related to the internationalization of domestic Japanese society. In the context, the "Westernization" of Japan will be a central question. I would like to use the word "internationalization" in the latter sense, because the pace of the Westernization of Japan seems to me to be faster than the Japanization of Western society, though these two movements are also inter-related.

To describe the trend toward internationalization within Japan, I would firstly like to look at the characteristic features of Japanese management styles compared with the Western styles of management, especially with that of the United States. Secondly, I want to refer to differences in ways of thinking between East and West. Thirdly, I will pick up some recent changes in the Japanese business world, which seem to me to characterize the future directions of Japanese styles of management.

1 Characteristic features of the Japanese styles of management

The characteristic features of Japanese styles of management may be seen in the typology of a "hunter-farmer" model (**Figure 1**). This model is based on ideas shared by Japanese sociologists such as Hiroyuki Araki and Eiichiro Ishida, referring to Western culture as Indo-European Nomadic Culture, and Japanese culture as Agricultural Culture. Working from situational evidence, such as the similarity of language, and archaeological remains of horses, chariots, or military artifacts, Araki describes western culture as typified by Independence, Individuality, Contract and Love.

Figure 1 Hunter-farmer model:

Hunter (Man to Job)	Farmer (Job to Man)
1 Controlling Environment ("Top down" Decision- Making)	Adaptation to Environment ("Bottom Up" Decision- Making)
2 Game: Activism is a virtue (Horizontal Labor Market)	Breeding: Patience is a virtue (Vertical Labor Market)
3 Systematic Behavior under Common Purpose (Performance by Skill of Each) (Mosaic-Like Organization) (Trade Union)	Cooperative Behavior with Shared Value (Performance by Team Work) (Monolithic Organization) (Enterprise Union)
4 Skills: Expertness Through Training (Off the Job Training) (Short term Evaluation) (Expert of a System)	Skills: Length of Experience (On the Job Training) (Long term Evaluation) (Family Member)
5 Independent Relations under Contract (Employ Labor Power) (Partial Involvement in One's Company)	Interdependent Relations under Trust (Employ Personality) (Total Involvement in One's Company)

On the contrary, Japan is characterized as Water-Field-Rice-Planting Agricultural Culture, in which the relations of people are deeply embedded in the Japanese style of community. In an agricultural community, harmony is essential for the solidarity of people[1].

1.1 Relation to nature

"Farmer society" stresses adaptation rather than control. It might be a certain leap of logic to contend that the relationship to nature influences the style of decision-making. However, it is also important to consider the effects the environment has had on human relations since prehistory; in particular, relations between superiors and their subordinates in a hierarchical organization. In America, which I think is a "hunter society", there is a premise that top management knows best its environmental situations and, therefore, management means "to let a person do something". In other words, it means to regulate and to control their subordinates.

In Japan, four seasons are clearly delineated. Every year, in the rainy season, we suffer floods; in summer, typhoons sometimes come; and occasionally earthquakes occur. Because of this, nature for the Japanese is uncontrollable, and the only solution is to take an adaptive approach to nature. In Japan, a successful manager is a person who not only can pass an executive idea down to their subordinates, but also can receive and pass on their subordinates' ideas to top management. In other words, he acts as intermediary. He is a person who knows the workplace at shop level very well and gains the trust of the people there. In this sense, a good manager in Japan is a good conciliator rather than regulator; he is a good mediator rather than controller.

1.2 Behavioral pattern

In hunter society, the labor market structure is horizontal and external. Each level of strata in an organization from top to bottom has its own market horizontally, for example, top management positions

---

[1] Hiroyuki Araki, *Nihongo Kara Nihonjin o Kangaeru* (The Japanese Language and the Japanese People), Asahi Shimbun-Sha, Japan, 1980, chap.5.

may be filled from a nationwide market of people qualified by training and experience; middle management may tend to be drawn from a regional market, and ordinary workers from local areas.

In farmer society, to the contrary, labor market structure is vertical and internal, which is based on so-called "graduation snatching style" of employment. Under this style of employment, a person who finds a job at a certain company is expected to stay there for a long time, and in many cases, until retirement age.

In hunter society, the belief is "no action, no gain"; instead, in farmer society, patience is a virtue. For a hunter, result of performance is important, but for a farmer, process is much more important. Actually, American enterprises stress short-term profit and their Japanese counterparts stress research and development and market share to try to ensure future advantage[2].

1.3 Style of Cooperation
Typically, this reflects differences between mosaic-like organizations and monolithic organizations. Keeping the United States and Japan in mind, I would like to illustrate the differences between these two types of organizations (**Figure 2**).

---

[2] James C. Abegglen & George Stalk Jr., *KAISHA*, Basic Books, N.Y., 1985, Chap.6, table 6-1

Figure 2 Mosaic organizations VS monolithic organizations

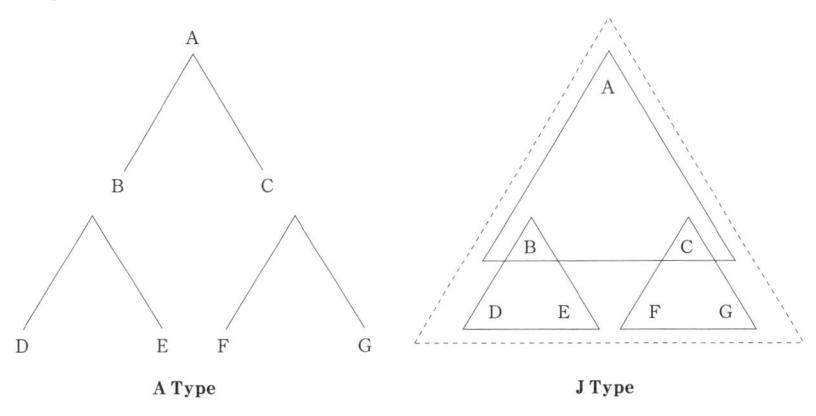

```
          A                                    A
         / \                                  /|\
        /   \                                / | \
       B     C                              /  |  \
      / \   / \                            / ┌─┴─┐ \
     /   \ /   \                          / ┌┤ B │ ├┐ ┌──┐
    D    E F    G                        /  ││   │C││   │\
                                         /  │└─┬─┘ └┬┘  │ \
                                        /┌──┴┐ │   │┌───┴┐ \
                                       / │D E│     │F  G│  \
       A Type                              J Type
```

1. The first difference is in the meaning of symbols A, B and C. In an A Type organization in hunter society, these symbols indicate, "job" or "function", whereas in a J Type organization, they represent "people". Thus, in a J Type organization, it is not unusual for B, a section head who is asked to move to a new section, to take his subordinates with him. In this case, B, D and E are regarded as a team or partnership.

2. The next difference is in hierarchical relations. In an A Type organization, the relations among A, B and C, and B, D and E are formed as "means-end chains" in terms of functional unification. In a J Type organization, the relations among the triangles A-B-C and B-D-E, or A-B-C and C-F-G are formed as "super-system and sub-system chains". Therefore, B and C belong to two different systems as linking pins at the same time.

3. In an A Type, to achieve the ultimate purpose of a company, the relations between jobs should be tightly coupled. On the

other hand, in a J Type, which is based on a group of people, job relations are loosely coupled. Accordingly, job description or demarcation in a J Type is not as clear as in an A Type organization.

4. In relation to labor market structures, there is the question of the degree to which a person is replaceable and how he or she will be replaced. In the A Type organization, if we take an example of C who has failed in his work and is unqualified, another individual will be employed as C from the open market. "You fire, you hire" is a catch phrase. In the Japanese system, C, F and G have a complementary relationship. What C cannot do, F and G will make up for it.

5. Lastly, for a mosaic-like organization (A Type) to attain its organization goal, each person in charge of a certain functional role should be well controlled. In a monolithic organization (J Type), consensus of each participant is essential in terms of job flexibility. Thus, A Type organization implements management by control, whereas J Type organizations manage through consensus. In this way, as the dotted triangle line shows, the Japanese company is integrated under the concept of the "family" analogy—a super-ordinate household system.

1.4 Skills
In farmer society, skills can be seen to be proportionally equal to length of experience, or in the case of a company, to length of service. In agriculture, a proper judgment on a delicate situational change in nature is important rather than trained expertise, which seems to be essential in hunter society.

1.5 Organization and Personality
The last item of this model refers to the relation between

organization and personality. Because participation in an organization in hunter society is based on an independent individual contract supporting a common purpose, the work in business is totally separated from individual private life. However, in the case of farmer society, this is impossible. If you make one error in farmer society, it will be fatal for its performance. In hunter society, on the contrary, even if you make one error, there will be another chance some day. Thus, in hunter society, business life, in particular, seems to be a sort of "game". Hunter society is based on individualism, and farmer society is based on group-ism or a community-oriented way of life.

2 Differences in ways of thinking

Regarding the internationalization or Westernization of Japanese society, the development possibility seems to me to depend finally on the Japanese people sharing an international way of thinking. I would like to note two points of difference, which, I believe, are fundamental to the two types of society.

One is a difference in the self-recognition process. According to Pascale and Athos, in Western society ("hunter society" in my model) "selves" are seen as "distinct entities, separate from all others in most important respects, with separable beliefs, talents, and experiences..."

> Classically, a Japanese does not see his world in terms of categories (friends, relatives, subordinates), but as concentric rings of relationship, from the intimate (at the most innermost) to the peripheral.[3]

Thus, the Japanese recognize themselves after recognition of the relation with others; in turn, they *cannot* recognize themselves without

---

3 P.T Pascale & A.G Athos, *The Art of Japanese Management,* Warner Books, N.Y., 1981, pp.190-191.

recognition of the relation with others. Such a self-recognition process has a significant influence on the manner of self-control. The Japanese are predisposed to behavior depending on external or contextual standards instead of internal beliefs or standards. There rests the difference between individualism and group-ism.

Another difference is in the meaning of growth, which is partly derived from the difference of the meaning of "self". As **Figure 3** shows, to grow up or to develop oneself in Western society means to be independent (A). According to Mark Twain, "whenever you find that you are on the side of the majority, it is time to reform."

Figure 3 Means of growth:

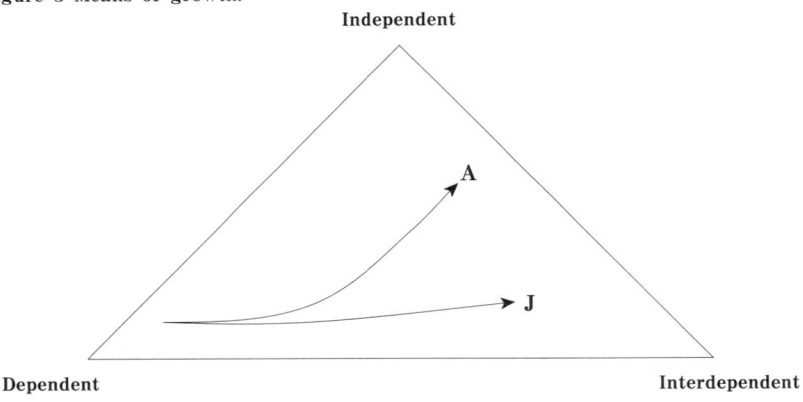

```
                        Independent


                            A↗


                                      → J


   Dependent                              Interdependent
```

On the other hand, to grow or to be the adult in Japan means to realize the interdependent situation surrounding oneself (J). "The art of life lies in a constant readjustment to our surroundings" (Kakuzo Okakura).

Such differences in the self-recognition process or the meaning of growth can be seen in various cultures and their types of social structure. But, at the same time, it should not be regarded as an immutable law of East and West. Rather, it would be natural to regard social phenomena, including people's everyday values, as part of the process of historical development. After looking at **Figure 4**, we may begin to look at some of the implications for recent developments in the Japanese business world.

Figure 4 Types of Social Structure:

	A Creativity Oriented Society	**M** Matured Society (Market)
	Independent	International
	P Pre-matured Society (Market)	**J** Control Oriented Society
	Dependent	Interdependent

(Vertical axis: Social Creativity; Horizontal axis: Social Control)

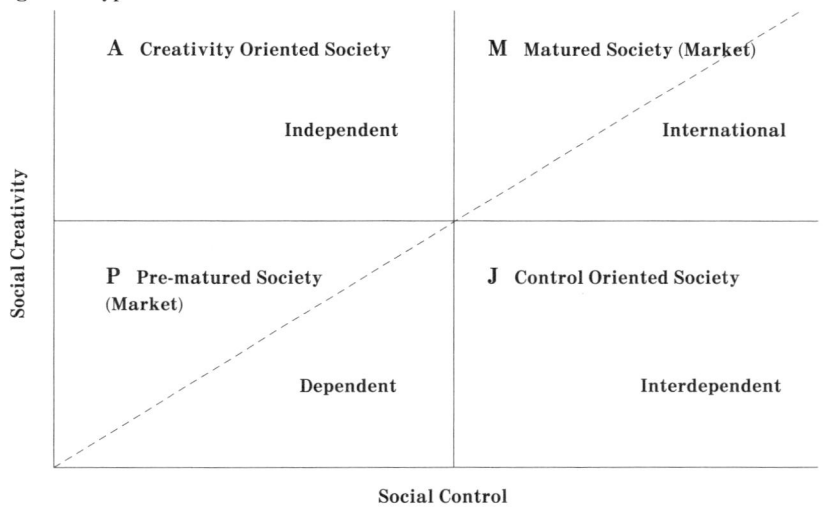

3 Types of social structure

Figure 4 can be produced from **Figure 3**. The two development process lines (Dependent to Independent and Dependent to Interdependent) are moved outwards to create two axes. These can be named "social creativity" and "social control" respectively.

"A" represents a creativity-oriented society like the United States, whereas J represents a control-oriented society like Japan. In the case of the United States, after establishment of the federal government, it developed from P to A, from a local market era to a national market era. The extension of the P to A direction in the international arena will be the way to the restoration of a "strong and imperialistic America". In the case of Japan, on the other hand it developed from P to J through strengthening social control under the condition of almost one tribe, and established a very intensive contextual society. The extension of the P to J direction may be the way to Asian de-Gaullism or Japanization in terms of the expansion of the Japanese style of society.

In my opinion, the two directions (P→A and P→J) will not proceed smoothly. Under internationalization of the market, changes of directions from A to M and from J to M are inevitable. Since the Vietnam War, the United States has not been able to ignore its interdependent situation with other countries either economically or politically. So, rather than an "inside-out" view, it has to take an "outside-in" view toward international relations. It is like a change from the Ptolemaic system to the Copernican system in astronomy [4].

On the other hand, after making efforts to catch up with the West for more than forty years since the destruction of the Second World War, Japan has attained economic success to the point where it is regarded as one of the Triad Powers coresponding to North America and Europe[5]. What is required now for Japan is to change direction from the control oriented society, which is based on imitation and refinement of the West, to the creativity oriented matured society. The direction from J to M presents, in the words of psychologist Piaget's cognitive development, from "imitation" to "accommodation". And, actually, when one looks at some of the recent changes in Japan, there is evidence of the change of direction from J to M.

---

4 John Naisbitt & Patricia Aburdene, *Megatrends 2000*, William Morrow & Co., N.Y, 1990, especially chap.6.
5 Kenichi Ohmae, *Triad Power—The coming Shape of Global Competition*, The Free Press, N.Y., 1985.

4 Change of the Japanese industrial structure and its future directions

The Japanese industrial structure has dramatically changed in the last thirty years. Firstly, as **Table 1** shows, the percentage of employees in three key industries has changed. According to the forecast of the Japan Economic Planning Bureau, the percentage of employees in each industry in the year 2000 is estimated at 4.86 per cent (Primary), 33.34 per cent (Secondary) and 61.80 per cent (Tertiary) respectively [6]. Such a change from Primary and Secondary to Tertiary based industrial structure might well be called "softening of economics"

Table 1: Percentage of Employees in Three Key Industries

	1960	1970	1980	1990	1995	1996	(2000)
Primary	30.2	17.4	10.4	7.2	5.7	5.5	(4.86)
Secondary	30.8	35.1	34.8	33.6	32.9	32.7	(33.34)
Tertiary	41.8	47.5	54.8	59.2	61.4	61.8	(61.80)
Total	100	100	100	100	100	100	100

Source: Nihon Kokusei Zue '97| '98 Kokuseisha, p.94.

Secondly, we must pay attention to the change within secondary industry. As far as the percentage of employees in secondary industry is concerned, it has remained almost unchanged since 1970. However, the number of people who engage in the production line has decreased. In the case of Ricoh, for instance, only 2,000 people (5 per cent of the total employees, numbering 40,000), are directly engaged in the production line. It must be fare to say that most of the Japanese manufacturing companies have begun to invest human resources in research and development (R & D) and sales and service rather than the production process itself.

---

[6] Japan Economic Planning Bureau (ed.), *Nisennen no Nippon* (Japan in 2000), Ministry of Finance, Japan, 1982, pp. 64-65.

Thirdly, the ranking of leading companies in Japan has changed in the last forty years, and this in itself is partly a reflection of the industrial life cycle. In 1955, Toyobo (textile) was the leading company in its total sales. Ten years later, in 1965, the Japanese shipbuilding company, Mitsubishijuko jumped to the highest position. In 1975, Shinnittetsu (iron and steel) overtook it. In 1983 (and still in 1989), this position was usurped by Toyota (automobile).

How this structural change reflects on Japanese business behavior and eventually, on their ways of thinking, is the next question. To answer that, I would like to pick up some recent trends in terms of technological, organizational and personnel impacts on Japanese business society.

4.1 Inner Drive
Technologically, this change requires creative innovation instead of imitative innovation. In the 1960s, Japan's leading industry was the equipment industry, such as shipbuilding, iron and steel, and oil plant industry. In the 1970s, assembly industries such as automobiles, electric machines and machine tools replaced it. The equipment industry and the assembly industry were technologically characterized as mass production systems with advantages of scale, where the core technological innovation was process innovation. However, since the 1980s, under the influence of the diversification of consumer lifestyles and needs [7], the leading industry has become high-level assembly industry and its core technology changed to product innovation. This product innovation, based on R & D and sales and service rather than the production process itself, requires a type of innovation seemingly created out of nothing, which seems to be the essence of "hunter" society. The creation of this frontier innovative spirit in Japan is now a priority.

---

[7] Bill Emmott, *The Sun Also Sets*, Simon & Schuster, London, 1989, especially chap.2.

At organizational level, Japanese enterprises started various kinds of efforts to attain a much more flexible type of organization utilizing project team, matrix organization or separation of company. Increasing strategic behavior like mergers and acquisitions (M & A) represents a similar direction. Besides these attempts to attain flexibility to meet environmental change, I would like to draw attention to the emergence of network organization in particular. According to kenichi Imai[8], Japanese inter-enterprise relations have changed their style from ZAIBATSU (money clique) to enterprise group, from enterprise group to network industrial organization. Accordingly, the nature of enterprise information has changed from external to internal information, from internal to "creative" information. At the stage of network organization or partnership channel, theoretically each organization is combined with lateral relationship instead of vertical integration. The relationship depends on high technology, and the expertness and autonomy of each participant. The only justification for a combination or partnership rests in its economic rationale (profit) under contract and not in its human relations, trust, nor family tie. Establishing an identity to pursue a new relationship with others under a common economic purpose is a trait of hunter society. It is an idea of social contract.

In the field of personnel management, a change of industrial structure from production oriented to service or customer oriented requires a change of employee adoption style, promotion system and even union activities. Firstly, the more a company is exposed to environmental change, the more likely it is to adopt a merit system as promotion style. Secondly, some leading companies such as Sony or Mitsubishi Automobile Manufacturing Company started the adoption of career people. In the case of Mitsubishi, in 1986 they established a group of fifty career people as manager candidates. This number

---

[8] Kenichi Imai, *Joohoo Nettowaaku Shakai* (Information Network Society), Iwannami-Shoten, Tokyo, 1984.

was twice the size of the previous year's group.

Thirdly, a yearly-salary-contracted employee system has been newly emerging. Under this system, high wages are paid to the yearly contracted specialists than those of ordinary workers. So far, this system is seen in the fields of electronics, biotechnology, automobile manufacturing and real estate. Last year, Sony started this system. In 1990 Mitsubishi Automobile Manufacturing Company, Mitsui Real Estate Company and Mitsui Inter-industry Plant Bio Development Company adopted this system. In the case of Mitsui Real Estate Company, last year 1,300 candidates applied for ten career vacancies. A new type of working style like the Flexi Time System is also evident (for example, at Kao, originally a soap manufacturing company, 1,500 sales workers out of 2,400 enjoy the new working style which requires their presence at the company only once a week). Such new styles of employment indicate the future development of Japanese business society from farmer to hunter, even though these are seemingly exceptional cases at present.

4.2 Outside Pressure
In addition to these internal changing situations — technological, organizational and personnel —, Japan is now confronting the kinds of outside pressures, which have always been transformed into internal cohesive energy to overcome urgent nationwide problems. However, the present pressure is much more critical than that of the oil-shock type of pressure in terms of determining the future directions of this country.

At the Japan — US Trade Committee held in Hawaii in 1989 September, the United States requested improved market access, particularly in the areas of super-computers, Comsat (Communication Satellite) and lumber, which were targeted by Omnibus Trade Law, Article Super 301. It is reported that the Japanese Government argued against these requests. In contrast to past US-Japan economic frictions such as in textiles, steel, automobiles, color televisions or semi-conductors, this current pressure to open Japanese markets or to reshape their economic customs is becoming very harsh and comprehensive. How then does Japan want to cope with this problem in the long term?

Such economic friction between East and West, it seems to me, is a confrontation between a hunter and a farmer. At the same time, we must admit the hunter's language or way of thinking is much more popular and universal in the world at present. Therefore, whether one likes it or not, in order to move into the matured society, Japanese society and Japanese styles of management will, through international exchange, gradually move towards that of hunter society. In the end, as was the case in 1853, when American Admiral Perry visited Uraga in an armed black vessel, Japan is being forced to open its doors completely, and perhaps it is ready to do so.

APPENDIX III

Japanese Style of Management: Thereafter

Preface

One of the Oriental "miracles" is a drastic change in the evaluation of Japanese Style of Management (JSM). When the Japanese economic success was unclear, it was evaluated as a pre-modern, feudalistic, or "destined to be abolished" management style. Surprisingly enough, this lowest evaluation has dramatically changed to highest since Japanese economic success has become noticed with keen interest from abroad. Recently, however, after the destruction of the bubble economy, evaluation of JSM has changed again. Entering into the low economic development era, lifetime employment and seniority based wage system are said not to exist anymore. Beyond such overnight change of evaluation, now is an appropriate time, I believe, to clarify the essence of JSM.

Behind the scenes of criticism and protectionism of JSM, there exist two different ideas in the meaning of internationalization of Japanese management. One is to expand Japanese economic activities in the world market through trade, capital investment, and transference of technology of JSM. As the word "internationalize" is used as a transitive verb in this case, "Japanization" of Western society will be in question in this context. This idea is, accordingly, related to the protectionism of JSM at the domestic level. Another meaning of the phrase is the internationalization of JSM within Japan. As the word "internationalization" is used as an intransitive verb, "Westernization" of Japan itself will be in question in terms of "being international". In this context, various kinds of criticism of JSM within Japan might be derived from this idea.

To search for the key essence of JSM, first I would like to compare the criticism and protectionism of JSM. Second, I want to refer to the two types of participative management style focusing on East-West comparisons. Third, I will pick up some recent changes in the Japanese business world, which seem to me to characterize the future direction of JSM.

1. Critique of JSM: Westernization
a) "Morita Thesis"
The ex-chairman of the board of directors of Sony, Akio Morita proposed a controversial thesis titled "Crisis of the JSM — the reason why "good and cheap" products are criticized by Europe".[1]

According to Morita, Japanese manufacturing companies have been forced to pursue the expansion of market share and mass production, which enables them to win the harsh price competition among themselves. On the other hand, they have been lazy about returning their profits to their employees, shareholders or communities. For example, Japanese annual working hours are reportedly 2,159 hours compared with 1,646 hours in France in 1989. Labor's relative share between 1980 and 1984 on an average in Japan was 77.8%, compared with 88.8% in former West Germany. A dividend rate of shareholders in Japan was 30% compared with 66% in the United Kingdom. And the donation rate in Japan was 0.33% of the profit

---
1 *Bungei Shunjyu* Feb. 1992.

before tax, compared with 1.5% in the United States. In short, Japanese "good and cheap" products were made at the cost of individual stakes such as employees, shareholders and communities. Morita asserts that Japan should enter the international market after improvement of those unequal rules of the economic game.

Under the condition of current separation between ownership and management, Japanese private enterprises have enjoyed the accumulation of internal reserve which was expected to be used for research and development. Actually, the huge amount of internal reserve was used for investment in land and stocks which were believed to return some added value in the near future.

b) **Participation today vs tomorrow**
As Morita's thesis was published just before the Japanese annual "Spring Struggle" (spring Labor offensive) between management and labor, many objections from management were made. One of them was "To follow the same rule will finally lead to the fragility of Japanese management". (Toyoo Gyooten, the former financial commissioner, Ministry of Finance) In short, "Japan should take its own Japanese way."

The point in dispute on internal reserve rate is whether it should be distributed among today's participants of enterprise performance such as shareholders, employees and even the CEO (this is the case in Europe) or participants in the future (this is the case in Japan). A high dividend rate will lead to the reinvestment opportunities of active shareholders, and at the same time it will lead to an unstable enterprises such as an unfavorable performance in the future. On the contrary, a low dividend rate and a high reserve rate will assure the high utility of future participants through reinvestments in research and development, for example. In this case, today's participants might be tolerant of organizational prosperity at the cost of their own individual stakes. In the end, the strength of Japanese management could have been sustained by "the vague hope of today's participants for the future distribution" at the cost of today's economic utility of their own.

2. Protection of JSM: Japanization
a) Japanese Style of Capitalism

According to Tamotsu Yamada, the author of *Economics of Japanese Management,* "Characteristic features of the Japanese management (which is thought to be a secret of Japanese economic prosperity) are not exclusively Japanese, neither feudalistic, but those of a rational economic system which is fundamentally based on the nature of human beings and that of organizations."[2] As to the nature of human beings, Yamada admits both egoism and altruism. According to him, a social system based on the nature of human beings will survive. The types of social systems are characterized by the combination of a market, which supposedly originated from human egoism and an organization originated from human altruism.

In typical capitalism described by Karl Mark in *Das Kapital,* everything is interpreted as a commodity including the employment relationship of buying and selling. Indeed, even in a typical capitalistic enterprise, a certain amount of altruism is necessary as long as the division of labor within an organization is presupposed, but the main trait of this system is in its market principle based on egoism of the people concerned.

In the Japanese style of capitalism, according to Yamada, within an enterprise, the main trait is its corporatism, which stresses organizational goals under the system of lifelong employment, seniority-based wage, group bonus etc., rather than individual goals which are

---

2 Tamotsu Yamada, *Economics of Japanese Management — A Challenge to Modern Economics,* 1980, Chuuoo keizaisha, Preface.

permitted within a limited promotion level and the like. Quite adverse situations can be found outside the enterprise, where the main trait is egoism and the sub trait is altruism under a free market.

In socialism, both at the level of overall state and that of enterprise, which is an organ of the state, organizational goals take precedence over individual goals. Socialistic policy and education are necessary to maintain the solidarity of the state, which is too great and remote for most of the people to contribute to. In an enterprise, to ensure the contribution by the people might be difficult without certain sanctions as long as the opportunity to search for individual stakes (egoism) is limited.

Taking the same point of view, I would like to think about market socialism (as in the case of China). On the other hand, at the state level, corporatism (altruism) is propagandized within socialism. Alternatively competition among individual units (egoism) is advocated for the attainment of active society. Within one country, the realization of a market socialistic society might contain contradictory elements from the viewpoint of human nature. See (**Figure 1**).

Figure 1　Four Types of Social Systems

Enterprise (Organization)	State (Market)	
	Egoism	Corporatism (altruism)
Ego.	Capitalism	Market Socialism
Corpm (alt.)	Japanese Capitalism	Socialism

If one of the conditions of an ideal social system is the organizational size to which people can realistically devote themselves with tangible returns, the Japanese Style of Capitalism might be well qualified. Haruo Shimada mentions, "Japan has attained a more equal society than any other communist country and, at the same time, has attained a more competitive society than any other capitalist country. In other words, Japan is, in fact, a very unique country which has realized the combination of the merits between communism and capitalism."[3]

b) **Decision Effectiveness and Transactions on "Trust"**

Taken from P.F. Drucker, Naoto Sasaki stressed the decision effectiveness of the Japanese enterprise. The comparison of the decision process between Japan and Europe is shown as follows. (**Figure 2**)

Figure 2 Productivity of a Decision

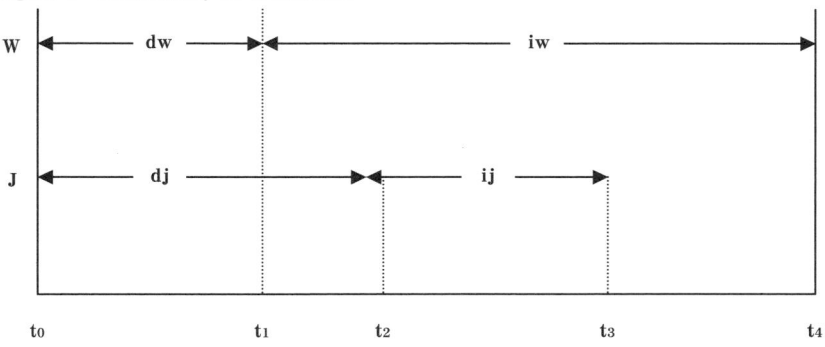

```
W |←———— dw ————→|←——————— iw ———————————————→|

J |←————— dj —————————→|←——— ij ———→|

  t0        t1       t2              t3          t4
```

Productivity (dw) < Productivity (dj)

Source: Naoto Sasaki, *The Report of 65th Annual National Meeting of the Japan Society of Business Administration* 1991, p.76

According to Drucker, the time to attain consensus in Japan is the time for friends and foes to reach "No side". Usually it takes a long time. But, when it comes to the implementation of the matter decided, it would be smoothly carried out because of the consensus already attained.

Within an enterprise, this consensus attainment process reflects on the Japanese joint labor-management conference system, where the labor union is expected to propose ideas referring to overall management practices. In this sense, Japanese labor management relations might well be called "complementary dependant relations" which is

---
[3] Haruo Shimada, "Immortal Japan Model" in *Bungei Shunjyu,* Feb. 1992. p.140.

quite different from the European dichotomy type of relationship.

Outside an enterprise, the complementary dependant situation in Japan is likely to prevail even in the stage of market transaction. According to Ryuei Shimizu, there are three types of transaction; cash transaction, credit transaction and creditability transaction. Creditability transaction is a unique Japanese "type of transaction aiming at final gains through long-term transactions even though each dealing is not necessarily profitable"[4].

Such transactions which have been developed under the condition of domestic quasi-market or "organizational" market, have worked to reduce transaction costs for parties concerned and accordingly have been perceived as an economic rational behavior by some domestic economists.

However, under the pressure to open the market from abroad, this consulting-type of creditability transaction cannot avoid critics from the viewpoint of fairness, justice and the economic practices, which are believed to work for the benefit of a nation (consumers) in the long run.

3. Two Types of Participative Management

The complementary dependence in the market is, therefore, problematical. But, within an organization, which is expected to work through the principle of corporatism, this situation might be ideal beyond organizational differences between East and West. Though various kinds of theoretical efforts, such as premium wage plans, human relations programs, management by objectives, expectation theory etc., have been made, management practices, in reality, have not been as effective as motivation theorists have expected.

---

4 Ryuei Shimizu, "Japanese Style of Management "Creditability Transaction" and Its Globalization", *Organization Science* (*Soshiki Kagaku*) 27-2, 1993, p.4.

The primary reason seems to rest in its theoretical framework of motivation and in its practical implications, which have been deeply embedded in the meaning of "management". According to Koontz= O'Donnell, management means "a process of getting things done through and with people operating in organized groups", say "to let a person do something."

In an organization, this is the process of attaining organizational performance through individual need fulfillment by stimulating one's need for money, promotion, and self-attainment from "the upper side" or "the outside". With this premise, both managers and the managed could hardly overcome the antagonistic situation between "they " and "we".

The American style of motivation has not overcome its limitations. As long as an organization is basically a corporative system, nothing can be better than the small negotiation (communication) cost between management and the worker. In this sense, the Japanese style of participative management through Quality Control activity, *ringi* (group-centered decision making) system or joint labor-management conference system which allows the workers' participation in the decision-making process has the essence of being a universal model in terms of a corporative system which regards enterprise as a risk-sharing organization between management and employees.

On the other hand, in the former West Germany, considering the antagonistic labor-management relations, the labor union is expected to take in overall management. The co-determination law (*Mitbestimmungsgesetz*), begun in 1952 and amended in 1976, requires that half of the auditing members (*Aufsichtsrat*) should be selected from the labor union side. Though the chairman is selected from the capital (shareholder) side, the *Aufsichtsrat* is, in its formal style, a labor management partnership model, which assures the same rights and obligations to both sides.

Co-determination law in West Germany seems to have been a European resolution referring the limits of the American style of motivation. West German participation, which is based on the recognition of each side of identity, might well be called "cooperative rivalry", and is quite different from the Japanese style of "complementary dependant" participation.

4. New Trends
a) Structural Change of Industry

Since the bubble economy has disintegrated, the Japanese economy seems to have shifted in a new direction. On April 4, 1994, the Japan Association of Corporative Executives (JACE: Keizai Dooyuukai) published a report titled, "Searching for a renewed university in the era of popularization." Besides searching for the substantiality of today's education at the university level, the report proposed the following:

a. employment based on the expertness of candidates.
b. "throughout the year" type recruitment of students for employment instead of "graduation-snatching" style.
c. no question about the name of college graduated from.
d. payment system depending on the kind of job and one's ability (instead of the length of service)

Even though, these proposals are made by the group well known as "the always proposing association", the basic ideas underlying these agenda seem to have gradually surfaced in recent years. Considering the changing industrial structure in Japan, I would like to note some recent changes in technological, organizational, and personnel trends in Japanese business society.

b) **Technological, Organizational, and Personnel Trends**
Technologically, recent change requires creative instead of imitative innovation. In the 1960s, Japan's leading industry was the equipment industry, such as shipbuilding, iron and steel, and oil plant industry.

In the 1970s, assembly industries, such as automobiles, electric machines and machine tools, replaced it. The equipment industry and the assembly industry were technologically characterized as mass production systems with the advantage of scale, where the core technology was process innovation.

However, since the 1980s, under the influence of the diversification of consumer lifestyles and needs, the leading industry has become high-level assembly industry and its core technology changed to product innovation. Still, during the 1990s, especially after bubble economy was over, it became clear that most of the manufacturing companies had enjoyed incremental innovation until the end of the 1980s instead of product innovation. This product innovation, based on research and development (R & D) and sales and service rather than on the production process, requires a type of innovation seemingly created out of nothing, which seems to be the essence of "creative" society. This frontier innovative spirit in Japan is now a priority.

At the organizational level, Japanese enterprises started various efforts to attain a much more flexible organization utilizing a project team, matrix organization or separations of a company.

Besides these attempts to attain flexibility to meet environmental change, I would like to draw attention to the emergence of the network organization.

According to Kenichi Imai, Japanese inter-enterprise relations have changed their style from ZAIBATSU (money clique) to enterprise group, and to network industrial organization [5].

At the stage of network organization or partnership channel, theoretically each organization is combined with a lateral relationship instead of vertical integration. The relationship depends on high technology and the expertness and autonomy of each participant. The only justification for a combination or partnership rests in its economic rationale (profit) under contract and not in its human relations, trust, or family tie. Establishing an identity to pursue a new relationship with others under a common economic purpose is a trait of creative society. It is the Western idea of social contract.

Within an organization, at top management level, slimness of the board of directors to attain quick decision-making and the separation between overall decision-making and everyday execution became common topics among leading companies. Toshiba decreased the numbers of directors from 33 to 12 in June 1998. In 1999, Hitachi plans to decrease from 30 to 20. Besides drastic slimming down of the executives from 40 to 10, Sony adopted the American style of executive committee system in June 1997. Itochuu and Asahi Beer reportedly have the same idea to adopt "an advisory board" as a third party to evaluate the performance of the executives in 1999.

In the field of personnel management level, a change of industrial structure from production oriented to service or customer oriented requires a change of adoption style and promotion system, similar to

---

5 Kenichi Imai, *Jyoohoo Nettowaaku Shakai* (*Information Network Society*) Iwanami-Shoten, 1984.

the change proposed by JACE.

First, the more a company is exposed to environmental change, the more likely it is to adopt a merit system as promotion style. In April 1998, Mitsui General Trading Company announced the abolishment of a functional qualification wage system, which had been based on the length of service.

Second, the employment of career people, started by Sony and Mitsubishi Automobile Manufacturing Company in the midst of the 1980s has become popular.

Thirdly, a yearly-salary-contracted employee system has been newly emerging. Under this system, higher wages are to be paid to the early contracted specialists rather than ordinary workers. Starting from the field of electronics, biotechnology, and automobile manufacturing, this system has prevailed into various fields including service.

Fourth, at some leading companies, a prepayment system of retirement funds was adopted. Matsushita Electric Industrial adopted this system as an alternative in spring 1998. Komatsu decided to start from spring 1999. In the case of Matsushita, 44 percent of 850 new employees have already chosen this way of payment.

Fifth, a new type of working style like Flex Time is also evident. In the case of Kao, originally a soap manufacturing company, 1,500 sales workers out of 2,400 enjoy this working style, which requires their presence at the company only once a week. In spring 1998, Hitachi Manufacturing adopted a "perfect" Flex Time system, which does not require and presence at the company.

We cannot deny the fact that today's Japanese Style of Management has been exposed to change through such kinds of trials. But, at the same time, we should not overlook the fact that these changes have presented a new question of the relation between newly emerged performance based wage system and the traditional evaluation system which seems to have been firmly entrenched under group-ism. Without establishment of an objective evaluation system, the adoption of the individual performance based wage system might cause destruction of the organizational climate to which William Ouchi once referred as trust, subtlety and intimacy within an organization [6].

Concluding Remarks

Though a short review on the criticism and protectionism of JSM is not enough to forecast the future direction of the Japanese economy, it becomes evident that the targets of criticism have been mainly the business behavior in markets (ex. violation of the rule of international business, enterprise egoism, lack of corporate citizenship, etc.)

On the contrary, protectionists of JSM have asserted its rational business behavior through decision effectiveness, high productivity and members' loyalty to organizational goals.

Therefore, the future direction of JSM as a vector might be determined by the degree to what extent and how the "logic of market" and the "logic of organization" are to be accepted by the people of this country.

The principle of market requires the unlimited freedom, equality and justice of business behavior, which originated from egoism of the individual. The principle of organization, on the other hand, derived

---

[6] Ouchi William G., *Theory Z: How American Business Can Meet the Japanese Challenge*, Addison-Wesley, 1981.

from corporative spirit, requires the boundary of an organization. Under the conditions of structural change of industry through softening and globalization of the economy, whether the Japanese style of capitalism becomes an alternative model in the next century might be dependant on the extent to which this country could expand its organizational boundary in terms of corporatism.

APPENDIX IV

Merits and Demerits of the Gendered Business Society

Preface

Business Administration was born from the end of the 19th century to the beginning of the 20th century in the process of taking the notions of capital movement (assets) and transferring it to management of organizations.

The global economic activities of the following century that emphasized the mass production and the improvement in income (mass consumption) have resulted in negative points with issues of environmental destruction.

The new century is facing these negative aspects of the economic activities by forming a new paradigm that moves away from the needs of the producers toward the needs of the consumers (citizens). This moves management from simple questions of cost management to the need to accurately perceive the needs of society to create new values. For Japan, I will suggest that this means addressing the notion "the end of the gendered business society".

In order to address that notion, I will first discuss the relationship between Capitalism and gender discrimination, followed by which will attempt to relate Capitalism to, and followed by a discussion of the evaluation of gender roles and changing attitude towards them in the workplace and go on to suggest a "Work-Home Society" model that would aim at restoring a balance between the workplace and home.

I. Capitalism and Gender Discrimination
1. Human nature and Economic Structures

(1) As long as human-beings are social creatures (animals), they cannot survive alone. This causes the eternal ambivalence between freedom and social constraints surrounding their social lives. In this sense, human nature has two phases--- sociality and animality.

Sociality or cooperativeness among people is the essential to make an organization, whereas without animality or self-interest, one could not have enjoyed any kinds of exchange at the market.

(2) Four Types of Economic Structures
As shown in the **Figure 1**, referring to the human nature, we can get four types of economic structures which are derived either from stressing self-interest (market) or cooperativeness (organization).

Among them, Japan seems to belong to category of Organizational Capitalism. "Restructuring" and the adoption of market principles into this country, which have recently been spearheaded by Prime Minister Koizumi, seem to me to move toward Market Oriented Capitalism. In view of human nature, however, the well-balanced Economic Structure requires a balance between self-interest and cooperativeness. In this sense the recent Japanese evolution should be limited within the system of Organizational Capitalism.

Supposedly, Market Oriented Capitalism correspond to U.S.A,

Organizational Socialism, to Soviet Russia, whereas Market Oriented Socialism to China at the time between 1977, when Deng Xiaoping restored his sovereign status and 1992, when the declaration of "Socialistic Market Economy" Line was held at the 14th Chinese National Peoples' Congress.

Figure 1. Four Types of Economic Systems

		State/Market	
		Self-Interest	Cooperativeness
Enterprise/Orgn.	Self-Interest	Market-Oriented Capitalism	Market-Oriented Socialism
	Cooperativeness	Organizational Capitalism	Organizational Socialism

2. Labor and Sexuality

(1) Capitalism and Gender

Before Capitalism, there was a household community in which a typical working style had kept the continuity between in-house and the outside work. As the development of Capitalism, characterized by the development of an "exchange of commodity (including labor power)" system, the discontinuity between in-house work and outside productive labor occurred. Accordingly, after the establishment of "abstract and general labor" in market, productive labor was conceived as a social-rational-civilized "public matter".

(2) Gendered Business Society

On the contrary, the housework and reproductive in-house activities became to be thought as a sexual and private matter. This phenomenon deserves to be conceived as a separation between labor and sexuality.

In short, historically and logically, Capitalism has always required social and productive "male" workers who constantly could supply stable and continuous labor power as a commodity, expected to be productively consumed.

In Japan, through the era of highly economic growth, the role distinction based on sex has been embedded both in workplace and household. This economic-based society deserves to be called a "gendered business society".

II. Japanese Style of Management and Gender
1. Today's female workers
(1) World Trend

There are two main world-wide streams, which seem to be aimed at the empowerment of female workers. One stream started in 1975, when the "Mexico Declaration" was announced. The other is surrounded by the International Labor Standards Law, in particular, the stream which has started from CEDAW (Convention of the Elimination of All Discrimination against Women) settled at the 34th United Nation in 1979.

As the fact shows that Japan ratified the CEDAW in 1980, Japan has not remained unconcerned to these streams. Actually, however, the Basic Law on Gender Equality in this country was settled in 1999, when almost 20 years have already passed. It seems to me that the empowerment activity of female workers in this country has started and unwillingly been compelled under the pressure of the voice from abroad. Therefore, a critical question whether the Japanese have spontaneously tackled this issue to overcome any kinds of sexual discriminations as the CEDAW shows, remains.

(2) Domestic Situation

a. According to the White Paper on Gender Equality in 2000, the ratio of the female workers to the total was forecasted 41.0% in 2003. The rate of labor power (the rate of working people over the age of 15) in 2003 was 60.8%, which showed the faster pace of decrease than the forecast (62.6%) of Ministry of Labor in the year of 2000. (**Table 1**)

Table 1. Ministry of labor's rate of labor power forecast

Labor power forecast					
Year		1990	1999	2005	2010
Rate of labor power	M & F	61.3%	62.9%	61.6%	61.36%
	F	50.1%	49.6%	49.2%	48.6%
Working population	M & F	6384	6779	6856	6736
	F	2593	2755	2775	2744

Source: "Basic Policy for the Equal Employment Opportunity Program 2000"

b. **Figure 2** and **Figure 3** show so-called letter "M curve" referring to the rate of Japanese female labor power classified by age. Sudden fall of the percentage between the age of 30 and 34 shows the urgent need to establish a support system of compatibility between workplace and household.

Figure 2. Rate of Japanese female labor power classified by age

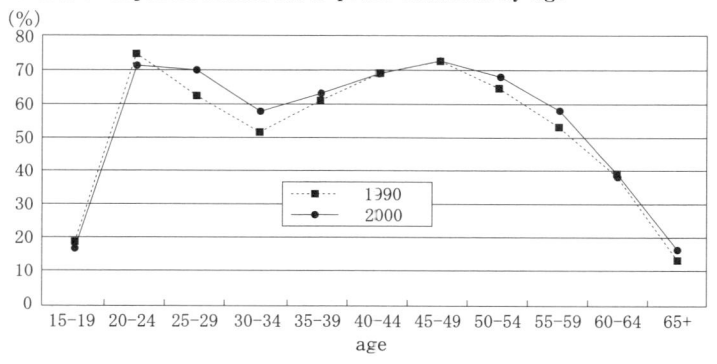

Source: "Labor Force Survey", Statistics Bureau: Ministry of International affairs and Communications

APPENDIX IV   193

Figure 3. Rate of female labor power classified by age among developed Countries

(%)
[Line chart showing female labor force participation rates by age group (15-19 through 65+) for USA, Japan, Korea, Germany, Sweden, UK, and France]

Note: USA age 16-19

Source: USA, Japan, Korea: ILO "Yearbook of Labor Statistic 1999"; Germany, Sweden, UK and France: EU, Eurostat "Labor Force Survey Result 1997"

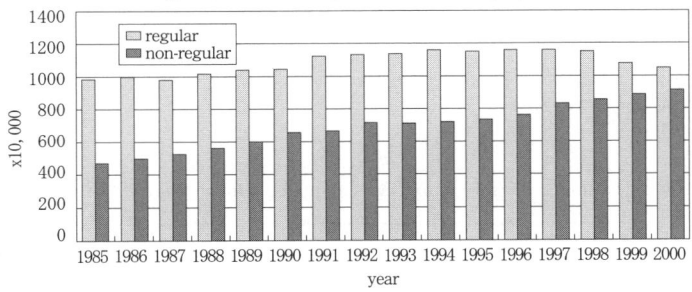

Figure 4. Numbers of regular and non-regular female employees

[Bar chart, x10,000, years 1985-2000, showing regular and non-regular female employees]

Source: "Labor Survey" by Statistic Bureau: Ministry of International Affairs and Communication

Figure 4 shows the recent trend that the numbers of regular and non-regular female workers in this country are converging.

c. **Figure 5** shows the wage discrepancy between male and female general (excluded part-time workers) employees in these 17 years. **Figure 6** is the international comparison at the moment around the year 2000. Indeed, since the year 1999, when some legal arrangements related to the equal employment opportunity law were implemented, the differential rate has been improved, but as the **Figure 5** shows the leeway to be improved is still profound.

Figure 5. Wage differential between male and female general employees

Source: "Basic Survey Statistics on Wage Structure" (2000): Ministry of Health, Labor and Welfare.

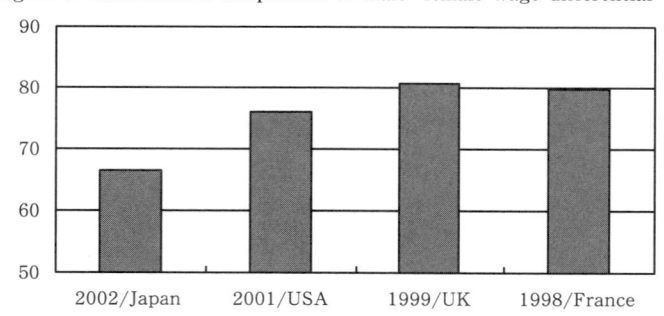

Figure 6. International comparison of male- female wage differential

Source: "Basic Survey Statistics on Wage Structure" (2000): Ministry of Health, Labor and Welfare; USA: "Employment and Earnings (2001) Labor Department; UK, France: ILO "Yearbook of Labor Statistics" (2002)

2. Japanese style of management and gender discrimination

(1) Mosaic- like organization and monolithic organization

Two types of organization symbolized in **Figure 7** is made on the assumption that A Type mosaic-like organization is that of a type of Market Oriented Capitalism like U.S.A. and J Type monolithic organization is that of Organizational Capitalism like Japan. The biggest differences between two are as follows.

a. In the A Type organization, symbols A, B, C... are indicated "job" or "function", whereas in the J Type organization, they represent "people". Thus, A Type organization is symbolized as a job based system, and that of J Type is a human group.

b. Labor market structures on which these two types of organization depend are different. In the A Type organization, if we take an example of C who has failed in his work and unqualified, another individual will be employed as C' from the horizontal and open market. In the J Type system, after the graduation-snatching style of adoption, under a vertical in-house labor market, F and G are proposed to have a complementary relationship within a group C, F, G.

c. From the viewpoint of management style, A Type has an organization = tool view, whereas J Type has an organization = cooperative view. For the mosaic-like organization (A Type), to attain its organizational goal, each person in charge of a certain functional role should be well controlled. In a monolithic organization (J Type), consensus of each participant is essential in terms of flexibility. Thus A Type organizations are managed by control, whereas J Type organizations are managed through consensus.

Figure 7. A Type and J Type

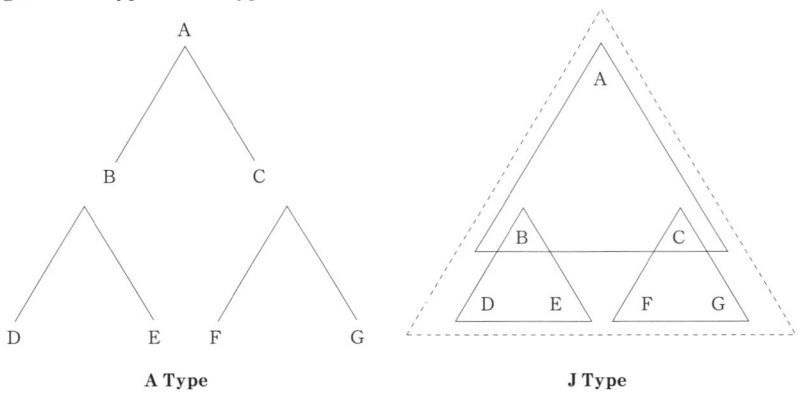

```
              A
             / \
            /   \
           B     C
          / \   / \
         /   \ /   \
        D    E F    G
         A Type
```

```
           A
          /|\
         B | C
        D E F G
         J Type
```

(2) Merits and demerits of a monolithic organization

In this way, as the dotted triangle line shows, the Japanese company is integrated under the concept of "family" analogy... a superincumbent household system. In Japan, J Type organization has enjoyed family analogical company system in which employees are supposed to stay long and trained through long term experiences. Multi-functional workers, OJT (On the Job Training), seniority based wage system which are thought as the main characteristic features of the Japanese Management System have been entrenched, especially through the era of high economic growth.

Furthermore, we cannot deny the fact that this system could only have been maintained under the condition of the occupation of main jobs by male regular employees, whereas female workers who are likely to leave at least for a while because of pregnancy, childbirth, child raising, elderly care etc. were excluded from the main arena of the business stage.

Needless to say, the gendered business society has contributed not only to the attainment of efficient productivity, but also to the organizational cohesiveness, which is the essence of the maintenance of competitiveness. This productivity and cohesiveness of an organization might be the "merits" of the gendered business society, as one side of a coin.

On the other hand, as shown in the **Figure 8**, when we broaden our views towards the relation between "Business and Society", we cannot overlook the faults which both types of society inevitably contain from the view point of well-balanced model of working life, family life and community life. (**Figure 9**)

Under A Type of life style, the separation of spiritual life at FL

Figure 8. Two types of imbalance: Working Life (WL), Family Life (FL) and Community Life (CL)

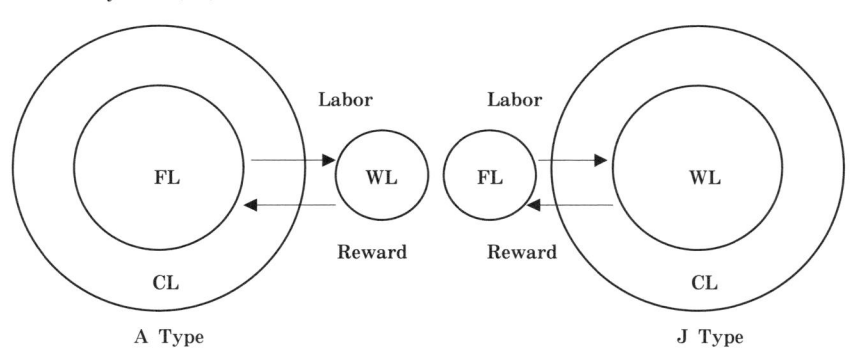

Figure 9. Working Life (WL), Family Life (FL) and Community Life (CL): Well-balanced "Work-Life" model

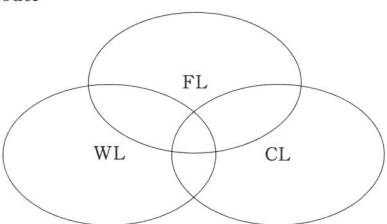

(Family Life) and business life at WL (Working Life) is inevitable, while J Type of Life Style could only be maintained at the cost of family ties.

(3) Reason to quit job and the change of consciousness of females toward job

As shown in **Table 2**, since 1984, the consciousness of Japanese females toward job has been constantly changing from the idea of "retirement after marriage" to the continuation of job even after childbirth.

Table 2. Inclination and reasons to take employment (female)

		1984	1987	1992	1995	2000
Total	Prefer not to find a job	6.1	3.4	2.8	4.1	3.9
	Prefer to get employment until marriage	11.1	10.2	10.8	7.4	6.9
	Prefer to get employment until childbirth	10.6	11.3	11.1	10.8	9.4
	Prefer to get employment again after child has grown	45.3	51.9	45.4	39.8	39.8
	Prefer to keep working after childbirth	20.1	16.1	26.3	32.5	34.4
	Others	—	—	1.3	2.4	2.4
	No idea	6.9	7.0	2.3	2.9	3.3

Source: "Public Survey on Gender-Equal Society", Prime Minister's Office.

However, as the **Figure 10** shows, there are various kinds of reasons for those who leave work at the time of marriage, childbirth and childcare. Those reasons such as "time shortage and physical difficulty", "husband and family's request", and "incompatibility with housework", necessarily lead our attention to the hope for a realization of a well-balanced society among working life, family and community life in this country.

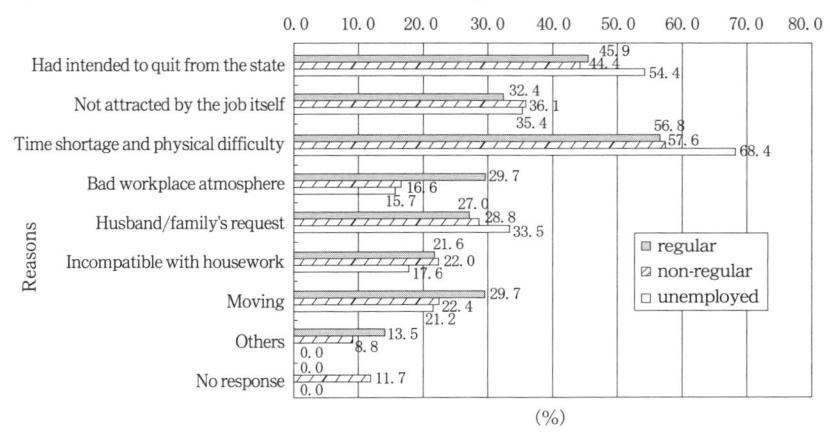

Figure 10. Reasons to quit at the time of marriage, childbirth and childcare

Reasons	regular	non-regular	unemployed
Had intended to quit from the state	45.9	44.4	54.4
Not attracted by the job itself	32.4	36.1	35.4
Time shortage and physical difficulty	56.8	57.6	68.4
Bad workplace atmosphere	16.6	15.7	29.7
Husband/family's request	27.0	28.8	33.5
Incompatible with housework	21.6	22.0	17.6
Moving	22.4	21.2	29.7
Others	0.0	8.8	13.5
No response	0.0	0.0	11.7

Source: "Questionnaire on Women and Work", The Japan Institute of Labor (1996).

Concluding Remarks

Finally, I would like to refer to some conditions for the attainment of a new well-balanced society. Besides the promotion of the government's current efforts in terms of legal administrative devices to the compatibility of work and household, a revolution in the consciousness of management and male workers' sides is essential. For the attainment of this purpose, they should:

1. Not force female workers to the present highly esteemed but harsh position of male regular workers (ex. The case of abolishment of so-called "Protection Law for Female Workers" enacted in 1999).
2. Neither, instead, adversely force male workers to the uncomfortable situation of female workers (ex. Low wage, unstable employment and deregulation of the regular workers).
3. Lead to a societal rhythm attuned to that of females' societal and physical conditions in order not to treat the issue of childbirth, child raising and elderly care as the reproduction and care of "labor power", but to treat as the question of the

reproduction and cyclical life-patterns of "human-beings".

Since the end of World War II, Japan has thought of family as a place to reproduce "labor power". Its basic idea has been derived from the enterprise's "logic of production", which has contributed to strengthen the idea of sexual division of role.

Such socially prevalent ideas, which seem to have been the backbone of the gender based and male centered business society, are now expected to be destroyed.

A distinct feature of the "logic of production" rests in its stress on means-ends conformity, in other words, formal rationality, whereas the "logic of ordinary people (consumers)" stress the importance of humanity, synthesis and totality of one's activity (works) itself...substantial rationality. For the time being, at the beginning of 21st Century, Capitalistic Economic Society will be developed focusing on a restoration of the balance between one's business life and every day family life.

あとがき

　2006年度一般会計・大蔵省原案が発表された（2005年12月20日）。総額79兆6860億円。この額は8年振りの80兆円割れ，4年振りの減額と言う。そのなかで「子育て支援」予算のみは2,813億円と充実している。だがその内訳を見るとその80.06%（2,270億円）は児童手当ての支給年限の延長（小学3年生までから6年生までへ）に充てられており，以下保育所の拡充（140億），子育て支援施設「つどいの広場」づくり（340億）不妊治療費増強（36億円），DV相談体制（18億），そして出産・育児を理由とする女性の再就職支援（マザーズ・ハローワーク）が9億円となっている。欧米先進国なみの少子化対策へ向かうべく踏み込んだ予算案としては評価できるし，児童手当て年限延長も「政治的に」分かりやすい政策ではある。しかし，本文で触れたように「少子化問題」が，少子・高齢化→女性の社会進出→晩婚→非婚→非産（少子化）という悪循環をいかに断ち切るかの問題だとすれば，男女を含めた視点からの「仕事と家庭の両立」支援体制作りこそ急務であり，女性の再就職支援が子育て予算の僅か3.19%というのはこの問題への政府の熱意の低さを反映しているというのは言い過ぎだろうか。

　政府予算は少ないが，企業側に「両立支援」を求める法律ができた。「次世代育成支援対策推進法」である。職場の子育て環境を整えるため，企業や自治体に仕事と子育てを両立せしめるための行動計画づくりを求めた法律で，2005年4月以降，社員300人超を有する企業とすべての自治体に労働局への届けを義務付けた。これに対して国内の主要企業が相次いで支援策を示した。東京海上日動火災保険やサントリーでは子供が小学三年生になるまで勤務時間を短縮できる制度を導入，日産自動車では妊娠がわかればただちに産前休暇を認める。万有製薬では妊娠・出産で退職した女性を登録し，再雇用する，と言う。（日本経済新聞　2006年2月26日付）

あとがき

「推進法」にもとづく行動計画の期間は2年ないし5年で，計画を実施したうえで，男性の育児休業取得者の有無，所定労働時間を短縮する制度があるかなど要件をみたした企業を厚生労働省が認定するというから，多くの企業が主要企業に続くことが期待されよう。しかし，この問題への政府および企業側の取り組みは，現実に妊娠・出産・子育て中の働く人々の便宜を直接はかる施策という意味で目下のところ「場当たり的」の印象を禁じえない。一枚岩的組織の中核部分をある意味では以前にも増して強化しつつ，非正規ないし非中核部分への「新たな対応」としか受け止められていないと思われるからである。その意味では，ジェンダー型企業社会の「終焉」はいまだ道遠しである。だが，この国は「従来型企業経営」が許されない，という意味で明らかに「針路の変更」を余儀なくされたことは間違いない。今日誰の目にも明らかになったことは，戦後「東洋のミラクル」と言われ，名実共に「経済大国」を自称するに到ったわが国の経済発展が「ジェンダー型企業社会」と称するにふさわしい「経済中心」社会を形成して来たということ，そして環境保全の面からも，また「仕事・家庭・コミュニティー」の均衡ある社会づくりの面からも，もはやこれまでと同じ軌道をひた走ることは許されないという歴史的事実である。本書がその理由について若干でも語ることができていれば幸いである。大方のご批判を仰ぎたい。以下，本書で使用した論文の初出を示す。

初出一覧

第1章　人間の本性と経済体制—組織論的考察—
　　　　　　熊本学園商学論集　第12巻第1号（通巻37号）　2005年9月
第2章　経営スタイルの東西比較
　　　　　　熊本商大論集　第37巻第2号（通巻37号）　1991年1月
第3章　日本的経営の組織論
　　　　　　川端久夫編著『組織論の現代的主張』中央経済社　第8章所収
　　　　　　1995年4月

第4章　規制緩和と組織の境界
　　　　　日本経営学会編『新しい世紀と企業経営の変革』経営学論集第70集　千倉書房　2000年9月
第5章　女性労働の現状と課題
　　　　　山中　進編『女と男の共同論』成文堂　第7章所収　2003年3月
第6章　現代的管理論の特質─行動科学的アプローチ再考─
　　　　　熊本商大論集　第35巻第1号（通巻第80号）　1988年9月
APPENDIX I　Merits and Demerits of the Japanese Management System　熊本商大論集　第31巻第1・2合併号　1985年3月
APPENDIX II　The Internationalization of Japanese Management　Australian International Business Centre, University of Queensland, Australia　1990年8月
APPENDIX III　Japanese Style of management: Thereafter
　　　　　熊本学園大学『商学論集』第5巻第1・2合併号　1998年12月
APPENDIX IV　Merits and Demerits of the Gendered Business Society　熊本学園大学社会関係学会『社会関係研究』第10巻第2号　2005年3月

　なお，APPENDIXを除いてすべてにわたって加筆・修正を行っていることを付言したい。本書の主張の第一は「ジェンダー型企業社会の終焉」が，わが国においては1990年を前後してすでに始まっていたという事実であり，その歴史的動因は「規制緩和」と「世界女性会議」といういずれも「外圧」であったということ，したがって産業構造の変化を中心とする国内事情（内的要因）と相俟って，本格的始動はこれからだと言うことである。もう一つのテーマは終焉の後どこへ向うかであり「組織と市場」もしくは「組織から市場へ」が問題となる。組織と市場の境界線の移動をめぐって論議は今後もつづくであろう。従来型経営方式を是正しつつも「大きな政府」か「小さな

政府」かという視点に立てば，当面従来よりは「やや小さな政府」を志向することになろう。その際，わが国の「組織主義的資本主義」体制は人間本性に照らして，維持すべき体制であること，すなわち組織主義的資本主義体制を堅持しつつ，しかもジェンダー型企業社会に固有の諸問題（談合，偽装など企業不祥事，少子化，家庭崩壊，経済自殺など社会病理をも含む）を克服すべく適切に市場原理が導入されるのであれば，その限りで歓迎すべきものと考える。それが第2点目の主張である。これまた読者諸氏のご批判を仰ぎたい。

　本研究に対しては，熊本学園大学付属産業経営研究所の研究助成を受けた。また，本書は，同研究所の出版助成を受けて刊行されるものである。これらの機会を与えて下さった熊本学園大学と関係者の方々には厚く御礼申し上げたい。

　最後に，本書の刊行にあたっては，文眞堂前野　隆氏に多大なるご尽力を戴いた。記して心より感謝申し上げたい。

事項索引

【ア行】

ILO（国際労働機関） 104
アウトサイド・イン（outside in） 50
アクション・プログラム 40
アコモデーション（accomodation） 50
アメリカ型資本主義 49
アメリカ型動機づけモデル 77
イエ・アナロジー 43,44
育児・介護休業法 108
意思決定効率 72,73
一枚岩的組織（monolithic-organization） 41
一般行動システム論 124
生命がけの飛躍 6
異文化統合 58
イミテーション（imitation） 50
インサイド・アウト（inside out） 50
インビジブル（invisible）な世界 8
ウェスタナイゼーション（Westernization） 36
衛生要因（hygiene factor） 129
X理論 129
M字型カーブ（就業構造） 99,113
M字型就業構造 98
エンゼルプラン 99
OECD（経済協力開発機構） 80
横断的市場 39
横断的労働市場 44,118

【カ行】

外国の日本化（Japanization） 36,50,72
外在的基準 47
改正「男女雇用機会均等法」 106
改正「労働基準法」 107
科学的管理 7
────法 7
学際的アプローチ 123
学卒一括採用方式 39

家族共同体 9,11,12
堅い結合 19
堅い連結 94
活動体系 3,134
株式「相互持ち合い」 69
株式持ち合い ⅱ
株主配当率 64,65
間接差別 117
管理職能 93
管理組織の自律化 6,7
管理的制約の克服 10
機械的（mechanic）管理システム 132
企業＝組織観 133
企業統治（コーポレート・ガバナンス） ⅱ
企業内社会主義 21
記述科学 ⅴ
規制緩和 ⅰ,80
────論争 ⅶ
期待理論 10
機能対等的（＝ヨコ型の）分業 89
技能の養成 44
規模の経済 92
────性 89
規模の利益 52
基本欲求（一時的欲求） 128
旧西ドイツ型参加方式 76
共同決定法 77
協働 3
────システム 86,125
────心 2,14,19,27
────精神 21
────体系 134
────体モデル 76
────の精神 18,78
近代官僚制 41
経済ゲーム ⅲ,22,40,65,75,78,85,94
経済的規制 81
経済のソフト化 51,52,78

経済摩擦　31, 40, 57
契約関係の統治　84
契約の精神　18
契約労働制　55
結果変数　131
原因変数　131
現在の参加者　66
皇位継承問題　iii
公開買い付け　ii
交換の経済学　18
合計特殊出生率　99
貢献（contributions）　125
　　──意欲（willingness to cooperate）　126
公式組織　3, 125
皇室典範　iii, v
構造改革　i, vii, 48
行動科学（behavioral sciences）　vii, 123
　　──的アプローチ　123
　　──的労務管理論　123
後発型資本主義　39
個人人格　4, 12, 125
コンテキスチュアル（contextual）な社会　49

【サ行】

作業内分業　24
産業構造の変化　31
産業のライフサイクル　52
「産業別」労働組合　43
3種の神器　67
自愛心（self-love）　2
JUE 三大戦略地域　34
ジェンダー型企業社会　v, vii, 46, 51, 56, 69, 80, 97
刺激資金制度　10
自己愛（amour de soi-meme）　16
自己実現　11
　　──人　135
　　──欲求　128
自己責任（管理）能力　95
「仕事・家庭・社会」生活均衡モデル　119
仕事と家庭の両立（ワーク・ライフ・バランス）　98, 99, 110, 118
「仕事」への関心　130
自己認識のプロセス　46

自己保存　16
支持的関係の原則　131
市場
　　──原理　v, 48
　　「──原理主義的」資本主義　28
　　──主義的資本主義　20, 49, 58, 22
　　──組織（markets）　19
　　──調整（組織の失敗）　83
　　──の発見者　2, 4, 8, 9, 16
　　──の論理　iii, 78
　　──モデル　71
システムIV　43, 131
自然法　15
自動詞としての国際化（being international）　61, 110
支配システム　86
芝信金訴訟　116
自発的意思決定者　1
自発的服従　10
市民革命　15
社会
　　──契約　15
　　──主義教育　22
　　──主義市場経済　23, 94
　　──性向　17
　　──性 sociabilité　16
　　──創造　48
　　──的規制　81
　　──的制約　1
　　──的動物　12
　　──的分業　3, 5, 6, 24
　　──的利益　121
　　──統制　48
ジャパナイゼーション（Japanization）　36
従業員持株比率　69
集権管理　93
15％ポリシー　25
私有財産権　10
集団的意思決定　131
縦断的（内部）労働市場　118
自由と拘束　14
儒教経済圏　30
狩猟社会　37
準市場　74, 84

事項索引　207

準組織　74, 84
状況適合理論（contingency theory）　132
昇進志向（promotion-focused）　45
情報公開　95
将来の参加者　66
職務拡大（job enlargement）　7, 133
職務給制度　111, 120
職務充実（job enrichment）　7
職務の体系　41, 44
女子差別撤廃条約　80, 97, 104
女性管理職の比率　102
女性天皇　iii
ジョブ・ローテーション（job rotation）　7, 133
所有と経営の分離　66, 135
自律的作業集団　133
人員整理（lay off）　39
新株予約権　ii
新結合　52
深夜業の解禁　106
信頼取引（creditability transaction）　74
数値目標　40
3M　25
性悪説　15
成果主義　48, 55
生活共同体　43
生活者の論理　121
制限合理性　1
生産者の論理　121
生産性の危機（productivity crisis）　76
性善説　15
「成長すること」の意味　47
成長欲求（二次的欲求）　128
制度的私企業　135
生物学的制約　1, 27
性別役割分業　46, 118, 121
聖凡一如（人間平等）　15
世界女性会議　104
セーフティネット（安全網）　82
全人格的参加　45, 46
全体性（totality）　12
先任権制度（seniority system）　39
創造型革新　52
創造志向型社会　49

相補的依存情況　74
相補的関係　73
疎外の歴史　9
組織
　――開発（Organizational Development）　130, 132
　――凝集性　112
　――均衡　126
　――効率　97
　――主義的資本主義　vi, 21, 48, 49, 21
　――人格　4, 125
　――調整（市場の失敗）　83
　――的市場　74, 84
　――的怠業　7
　――＝道具観　42
　――の境界　86
　――の経済学　18
　――の「創発性」　91
　――の定義　134
　――の発見　6
　――の発見者　3, 4, 8, 9, 16
　――の論理　iii, 78, 119
　――風土　130
　――モデル　71
　――論的管理論　123
SOHO（Small Office Home Office）　98

【タ行】

第三の管理スタイル　93
体制内社会構成　48
『絶えざる訓練』（continuous training）　45
脱亜入欧　32, 61
脱欧入亜　32
他動詞としての国際化　110
短期的評価　44
男子正規従業員　46, 51, 56
男女間の賃金格差　101
男女共同参画社会
　――基本法　108
男女雇用機会均等法　97
団体の境界　87
小さな政府　i, 82
中間組織論　83, 85
中間取引　83

中国型社会主義　22
中途採用　55
長期的コミット型企業統治　68
直行直帰制度　55
強い連結　53, 91
定住型技能養成　44
出来映え志向（performance-focused）　45
転職願望　55
同一労働・同一賃金　120
動機づけ（motivation）　10, 127
　——要因（motivation factor）　128
　——理論　76
東レ　25
独立した職業人　23, 25
徒弟制度　23, 25
トライアド・パワー　33, 50
取引コスト　83

【ナ行】

内在的基準　46
内部組織（hierarchies）　19
内部留保　67
二分法的発想　73
日本異質論　65
日本型資本主義　21, 28, 49, 62, 69, 94
日本企業の経営体質　66
日本の外国化（westernization of Japan）　36, 61
人間関係論　10
「人間」への関心　130
人間本性二元論　16
人間本性論　15
人間＝労働者観　133, 135
ネットワーク組織　53
　——論　91
年俸契約社員制　55
農耕社会　37
能率（efficiency）　3
能率性（efficiency）　126

【ハ行】

媒介変数　131
「敗者復活型」の昇進経路　54
排他性　43

派生的経営　121
パラダイム（paradigm）　vi, 63, 70
パラダイム転換期　121
範囲の経済　92
　——性　89
万世一系　iv
ハンター・ファーマー・モデル　vi, 37
BSE（牛海綿状脳症）　57
ビジブル（visible）な世界　8
ビジブルハンド　82
非正規労働者　42
平岩レポート　81
ピン製造の事例　5, 24
複合重複的組織構造　131
複雑人（complex man）　135
部分的存在（partiality）　13
プラットフォームづくり　54
プロセス・イノベーション（過程革新）　52
プロダクト・イノベーション（製品革新）　52
文化障壁　35
文化摩擦　30
分権管理　93
北京会議　104
北京宣言　57
包括通商法スーパー301条　56
方法一新，立場不変　23
方法論的間人（かんじん）主義　62, 70
ポジティブ・アクション（積極的改善措置）　107
本源的経営　121
本性二元論　vi
マネジリアル・グリッド（managerial grid）　130
見えざる手　3, 18
ミクロの社会主義　21
杁八分　40
目的—手段の連鎖　42
模倣型革新　52

【ヤ行】

山猫スト　43
柔い組織　75
誘因（incentives）　125
誘因と貢献のバランス　126

有機的（organic）管理システム　132
有効性（effectiveness）　3, 126
U字型の意思決定　38
有識者会議　iii
郵政民営化　i
ゆるい結合　19
寄木細工的組織（mosaic-like organization）　41
欲求五段階説　127
4つの経済体制　20, 48
弱い連結　54, 91

稟議書　38
類的存在　6, 16, 22
連結の経済　92
連結の経済性　90
連結ピン（linking pin）　131
憐憫の情 pitié　16
労使協議制　73, 76
労働の人間化　7, 11
労働分配率　64
労働力商品　11, 20
労働力率　98
論理実証主義　v

【ラ行】

ライブドア　i
利己心　2, 6, 13, 19, 27
リーダーシップ　129
立証可能性　v

【ワ行】

Y理論　130
「我が社」意識　27
ワーク・ライフ・バランス　118

人名索引

【ア行】

アージリス, C. 47, 128
荒木博之 36
アリストテレス 12
伊丹敬之 62, 74, 84
今井賢一 53, 91
ウィリアムソン, O. E. 84
ウェーバー, M. v, 41
エーソス, A. G. 46, 70
大前研一 32
岡倉天心 47
奥田健二 73, 112
奥村宏 62, 67
小塩隆士 82
小田切宏之 83

【カ行】

加護野忠男 68
金子勝 82
クラーク, G. 35
コース, R. H. 83
胡耀邦 23

【サ行】

サイモン, H. A. v, 42, 124, 134
佐々木尚人 72
佐和隆光 vi
シェイン, E. H. 135
島田晴雄 21
清水龍瑩 74
荀子 15
シュンペーター, J. S. 52
ストーカー, G. M. 132
スミス, A. 2, 5, 24

【タ行】

橘木俊詔 vi

中條秀治 87
土屋守章 4, 10, 74, 84
テイラー, F. W. 7, 10, 128
トゥエイン, M. 47
鄧小平 22
ドラッカー, P. F. 45, 72

【ナ行】

西山忠範 67
ニックリッシュ, H. 121
沼上幹 25
根本孝 62

【ハ行】

ハーズバーグ, F. 128
バーナード, C. I. 1, 86, 93, 124, 133, 136
バーンズ, T. 132
パスカル, R. T. 46, 70
花田光世 54
バベジ, C. 23, 25
濱口惠俊 62, 70
ピアジェ, J. 50
樋口廣太郎 65
ブレーク, R. R. 130
フレンチ, W. 133
ベニス, W. G. 132
ペリー, M. C. 総督 58
ポーター, L. W. 10
ホッブス, T. 15
ポランニー, K. v
堀江貴文 i

【マ行】

マーチ, J. G. 124
マグレガー, D. 129
マズロー, A. H. 127
松本厚治 62
マルクス, K. 20

三戸公　vi, 67
宮崎義一　67
宮沢健一　90
ミラー, J. G.　124
ムートン, J. S.　130
メイヨー, E.　10
孟子　14
盛田昭夫　63

【ヤ行】

山田保　17, 23

吉川弘之　iii

【ラ行】

リッカート, R.　43, 130
ルソー, J. J.　16
レスリスバーガー, F. J.　10
ローシュ, J. W.　132
ローラーⅢ, E. E.　10
ローレンス, P. R.　132
ロック, J.　15
ロビンソン・クルーソー　7

著者略歴

中野裕治（なかの　ひろはる）

1943年　佐賀県に生まれる
1967年　慶応義塾大学経済学部卒業
1975年　九州大学経済学研究科修士課程修了
1978年　九州大学経済学研究科博士課程単位取得
現　在　熊本学園大学商学部教授

主な著書
『組織編の現代的主張』（共著）中央経済社，1995年
『経営学史事典』（共著）文眞堂，2002年
『女と男の共同編』（共著）成文堂，2003年
『はじめて学ぶ経営学』（編著）ミネルヴァ書房，2007年
など。

ジェンダー型企業社会の終焉
——組織論的考察——

| 2006年5月20日　第1版第1刷発行 | 検印省略 |
| 2010年9月30日　第1版第2刷発行 | |

著　者　中　野　裕　治

発行者　前　野　　　弘
東京都新宿区早稲田鶴巻町533

発行所　株式会社　文　眞　堂
電話 03（3202）8480
FAX 03（3203）2638
http://www.bunshin-do.co.jp
郵便番号 (162-0041) 振替00120-2-96437番

制作・モリモト印刷株式会社
Ⓒ2006
定価はカバー裏に表示してあります
ISBN978-4-8309-4552-6　C3034